रूह-ए-कायनात

रूह-ए-कायनात

प्रस्तुतकर्ता

रमेशचन्द्र द्विवेदी

लिप्यंतरण

जानकीप्रसाद शर्मा

वाणी प्रकाशन

ISBN : 978-81-7055-580-3

वाणी प्रकाशन
21-ए, दरियागंज, नयी दिल्ली-110002
द्वारा प्रकाशित

प्रथम संस्करण : 1998

मूल्य : 395.00

कम्प्यूटेक सिस्टम, दिल्ली-110093
द्वारा लेज़र कंपोज

शुभम ऑफसेट, दिल्ली-110032
में मुद्रित

ROOH-EA-KAYAANAT
by Ramesh Chandra Dwivedi

मेरी हर ग़ज़ल को यह आरज़ू तुझे सज सजा के निकालिये
मेरी फ़िक्र हो तेरा आईना मेरे नग़में हों तेरे पैराहन

—**फ़िराक़**

प्राक्कथन

उर्दू शायरी के तज़्किरे (चर्चे) अधिकतर कुछ इस प्रकार के वाक्यों से शुरू होते हैं कि शायरी का शौक़ या चस्का बचपन ही से था और दिन-रात घर में शे'रो-शायरी के चर्चे, बहुत सच होते हुए भी गुमराहकुन होंगे। जहाँ तक मेरे घर में औरतों का संबंध है, यद्यपि मेरी बहिनें पाठ्य रूप में उर्दू पढ़ती थीं, लेकिन मेरी माँ को और घर की दूसरी औरतों को उर्दू आती भी न थी। उर्दू शे'रो-अदब का चर्चा औरतों में कभी नहीं रहा। मेरी समान आयु के भाई-भतीजों और साथियों में किसी को शे'रो-अदब से कोई लगाव न था। अपने पिता स्वर्गीय मुंशी गोरख प्रसाद 'इबरत' के संबंध में यह सुनता ज़रूर था कि उस ज़माने की शायरी में उनके कारनामों का विशेष महत्त्व था और उनकी रचना 'मनसवी हुस्न-ए-फ़ितरत', 'मुसद्दस' 'नश्वो-नुमाये हिन्द' और बहुत-सी दूसरी नज़्में हाली, आज़ाद, बयान व यज़्दानी मेरठी और उस समय के अन्य साहित्यकारों को आकर्षित कर चुकी थीं, किन्तु स्वर्गीय पिताजी अब शायरी क़रीब-क़रीब छोड़ चुके थे और हर समय वकालत एवं गृहस्थ जीवन में लीन हो चुके थे तथा शे'रो-शायरी का चर्चा बहुत ही कम करते थे। मेरे स्कूल में भी उर्दू की शिक्षा इस रूप में नहीं हुई थी कि उर्दू से बहुत अधिक रुचि उत्पन्न हो। अलबत्ता मेरे फुफेरे भाई बाबू राजकिशोर लाल 'सहर' तमाम कुटुंब में एक मात्र व्यक्ति थे जो मुझसे थे तो अठारह-बीस वर्ष बड़े, किंतु जब मैं बारह-तेरह वर्ष का हुआ, मुझे 'गुलज़ार-ए-नसीम' के बहुत-से अंश सुनाया करते थे और बाद को मेरे पिताजी की नज़्मों का भी ज़िक्र मुझसे किया करते थे। फिर दाग़ व मीर के सैकड़ों शे'र और अपने शे'र और हज़रत रियाज़ के जीवन की घटनाएँ एवं शे'र सुनाया करते थे। मेरा यह हाल था कि पाठ्य पुस्तकों में जो नज़्में थीं, उनमें मुझे कोई आकर्षण नहीं मिलता था किन्तु यदि कोई शे'र या नज़्म, का कोई अंश ऐसा हाथ आ जाता था, जिसमें बचपन के विवेकानुसार मुझे रस और तरन्नुम मिले तो वह चीज़ें मेरे मन में ख़ामोशी से उतर जाती थीं और विवेक पर बार-बार मँडराती थीं। मैं खेलते-खेलते उन नग़मों में खो जाता था और कभी-कभी अपने साथियों

एवं हमजोलियों में उन अवसरों पर अपने आप को अकेला अनुभव करता था। जब मैं चौदह-पंद्रह वर्ष का हुआ तो अपने सगे चाचा मुंशी बरखलाल से, जो उर्दू के विद्वान व खुशनवीस इंसान थे, मुझे अपने पिता की नज़्मों और ग़ज़लों का एक मुसव्वदा मिल गया। वह मुसव्वदा एक अवधि तक मेरा ओढ़ना-बिछौना रहा। प्रायः घर में बजाय शे'रो-शायरी के चर्चे और बचपन ही से बजाय शे'रो-शायरी के चसके के मेरी अभिरुचि तन्हाई में पकती रही और शे'रो-नग़मों की कसक जो मेरे दिल में उत्पन्न हुई थी, उसमें न मैं किसी को अपना साझी बना सकता था और न स्वयं शे'र कहकर उस कसक को हल्का कर सकता था।

जब मैं सत्रह-अठारह वर्ष का हुआ तो कॉलिज में आ चुका था। उर्दू शायरी से मेरी अभिरुचि यद्यपि स्थायी रसानुभूति बन चुकी थी। लेकिन फिर भी अंग्रेज़ी साहित्य व दर्शन एवं विचार, घटनाएँ तथा जीवन-स्तर जो सांसारिक संस्कृति बन चुके थे, मेरे अध्ययन एवं गहन विचार व चिंतन का विषय बने रहे। संयोग से अभी तक गंभीर एवं महान उर्दू शायरी अर्थात् मीर, दर्द, आतिश, ग़ालिब और अनीस के कार्यों के श्रेष्ठ भाग से मैं बहुत कम परिचित था, इसलिए किसी घरेलू उथल-पुथल व प्रेरणा से जहाँ एक ओर मैं उर्दू शायरी की ओर खिंचता था, दूसरी ओर जिस प्रकार भी स्तरीय एवं बेतुकी शायरी से मैं परिचित था, वह मेरी अभिरुचि को प्यासा एवं असंतुष्ट रखती थी।

1914 ई. में जब मैं बी.ए. में आ चुका था तो प्रो. मेहंदी हसन नासिरी मरहूम की संगति ने मेरे दबे हुए रस को उभार दिया था और तब धीरे-धीरे शे'रपरस्ती से शे'रगोई की ओर प्रवृत्ति हुई। तब से कई वर्ष तक इतना होता था कि मैं वर्ष में डरते-डरते अत्यंत कठिनाई एवं संकटों का सामना करते हुए तीन-चार ग़ज़लें कह लेता था और एक-एक ग़ज़ल कई-कई दिन तक कड़े संघर्ष में उलझाए रखती थी। अब पिताजी का साया सर से उठ चुका था। नासिरी साहब मरहूम का साथ भी नहीं रहा था कि इलाहाबाद मुझसे छूट चुका था। दांपत्य जीवन की कड़वी घड़ियाँ एवं गृहस्थ जीवन के दायित्व आत्मा को दुखदायी सिद्ध हो रहे थे। रोजगार की तलाश के साथ-साथ यह भी उसी ज़माने में होना था कि प्रेम की आग के विषाद ने क़दम-क़दम पर मुझे शायद मौत से दो-चार कर दिया था। गोरखपुर आकर वसीम ख़ैराबादी मरहूम को अपनी कुछ ग़ज़लें दिखा लीं और उर्दू साहित्य में अद्वितीय ख्याति के मालिक स्वर्गीय मुंशी प्रेमचंद की संगति प्राप्त होने लगी। जिस बेचैनी एवं बिखराव का मैं शिकार हो चुका था, उसी के प्रभाव से मैंने पी.सी.एस., आई.सी.एस. और मैसूरी कालेज में प्राचार्य के पदों को स्वीकार नहीं किया। राजनैतिक आंदोलन में सम्मिलित होकर जेल चला गया। फिर कई वर्ष तक जब पं. जवाहरलाल नेहरू कांग्रेस के महासचिव रहे तो मैं कांग्रेस का सहायक सचिव रहा। 1930 ई. से अब तक अपनी पुरानी इलाहाबाद यूनिवर्सिटी में अंग्रेज़ी साहित्य का प्रवक्ता हूँ।

इस दौरान मजनूँ गोरखपुरी से मिलने का अवसर मिला और हम दोनों एक दूसरे के अत्यंत निकट हो गये। हमारी साहित्यिक अभिरुचि एक दूसरे पर प्रभावशाली होती हुई साथ-साथ पलती रही। मेरी शायरी की रचना, उत्पत्ति एवं निर्माण में उन क्षणों का बहुत अधिक योगदान रहा जो मैंने मजनूँ के साथ-साथ बिताए। नियाज फ़तहपुरी से भी अनेक बार मिलने का अवसर मिला और साहित्यिक समस्याओं पर परस्पर बातचीत से मेरे विचारों को बल मिलता रहा। अज़ीज़, हसरत, चौ. जगत मोहन लाल रवाँ, असग़र गोंडवी मरहूम, जिगर मुरादाबादी, यगाना और अन्य प्रतिष्ठित विलक्षण समकालीन संगियों से निकटता एवं मेल-मिलाप बढ़ता गया और इस प्रकार मैं स्वयं अपने शे'री रसानंद से निकटतम एवं सधता हुआ होता गया। गद्यकारों में मुंशी प्रेमचंद, मजनूँ, नियाज़ फ़तहपुरी के अतिरिक्त उर्दू के अन्य लेखकों की निकटता के कार्यकलाप नज़र से गुज़रते रहे और तत्पश्चात कृष्णचंदर से भी मुलाक़ात हुई और अपने समकालीन लेखकों की निकटता एवं सहमति मेरे साहित्यिक जीवन में सहायक सिद्ध होती रही। हज़रत जोश मलीहाबादी से मेरी प्रथम मुलाक़ात अब से आठ वर्ष पूर्व हुई और हम दोनों जल्द ही एक दूसरे से बहुत निकट हो गए। मुझे इस प्रकार अपनी शायरी की विशेषताओं को क़ायम रखते हुए उसमें नए विस्तार एवं नई संभावनाएँ उत्पन्न करने की प्रेरणा मिली। उस ज़माने में सज्जाद ज़हीर तथा उनके मित्रों से मेरी मुलाक़ात हुई और विचार-विमर्श के अवसर मिलते रहे। मजाज़, फैज़, तासीर, हफ़ीज़, सरदार जाफ़री, जज़्बी, जैद्री, सलाम, अख़तरुल ईमान, सिब्ते हसन, अख़्तर शीरानी, अहसान, रविश, साग़र से मुलाक़ातें होती रहीं। उनके कलाम तथा उनके समकालीन शायरों की नज़्म व नस्र (गद्य) पर भी मेरी नज़र पड़ती रही। इस प्रकार वर्तमान काल के साहित्यिक माहौल से उदासीन नहीं रहा। जब अलीगढ़ यूनिवर्सिटी की साहित्यिक संगोष्ठियों में सम्मिलित होने का अवसर मिला तो रशीद अहमद सिद्दीक़ी, आले अहमद सुरूर से संग-साथ एवं बातचीत रही; और इसी प्रकार मेरा साहित्यिक जीवन एवं साहित्यिक दायरा भी विस्तृत होता रहा। मैंने यह ज़िक्र इसलिए छेड़ दिया कि यदि मेरी शायरी का प्रारंभ एवं पालन-पोषण अब से कुछ पहले की बातें हैं किंतु मैं संकुचित दृष्टि का कभी शिकार नहीं हुआ। मैंने सीमित मज़ाक़ को एवं गुटबंदियों को अपने स्वभाव और साहित्यिक उद्देश्यों के अनुरूप कभी नहीं पाया। उर्दू गद्य एवं पद्य में आज एकसुरापन नहीं रहा। साहित्यिक स्तरों तथा वास्तविक साहित्यिक उद्देश्यों को ठेस पहुँचाए बिना इसकी आवश्यकता है कि आज हम साहित्य के मामले में सहृदय उदारचरित्र हो जाएँ। यही नहीं, बल्कि शायर का कर्त्तव्य है कि वह तमाम साहित्यिक आंदोलनों से प्रभावित तथा उनके जीवित तत्त्वों का अपनी शायरी में समावेश करता रहे।

इस मज्मूआ-ए-कलाम (कविता-संग्रह) में सन् 1926 से लेकर अब तक की कही हुई मेरी तमाम नज़्में सम्मिलित हैं। यह नज़्में मेरी ग़ज़लगोई (ग़ज़ल कहने) के कालांशों में कही गई हैं। सन् 1931 तक की नज़्में उस ज़माने की यादगार (स्मृति) हैं, जब उर्दू

साहित्य के इतिहास में वह नई चेतना उत्पन्न हुई थी और जिसका संबंध प्रगतिशील साहित्यांदोलन या प्रगतिशील साहित्य से है। सन् 1931 से चार वर्ष तक मैंने सिर्फ़ ग़ज़लें कहीं। फिर सन् 1935 में प्रगतिशील साहित्य का आंदोलन प्रारंभ हुआ और उस समय से सन् 1942 तक की नज़्में राजनीतिक, सामाजिक एवं इन्क़िलाबी प्रभाव एवं प्रवृत्ति की वाहक हैं। उन नज़्मों में मेरा स्तर व उद्देश्य यह रहा है कि उस दौर का प्रतिनिधित्व और उसकी आध्यात्मिक कशमकश का प्रतिनिधित्व करते हुए भी यह नज़्में क्षणिक हंगामी तथा पत्रकारिता होकर न रह जाएँ, बल्कि अर्थपूर्ण एवं अनन्त काल की पोषक हो सकें। इन नज़्मों के भीतरी संकेत मेरे निकट सर्वाधिक महत्त्वपूर्ण विशेषता रखते हैं।

सन् 1941 में मेरा जीवन एक नई घटना से परिचित हुआ। यह वह समय है कि जब मेरे जीवन में एक ऐसी विभूति प्रविष्ट हुई जिसके सामीप्य ने सन् 1942 के अंत में एक घनिष्ठ प्रेम का रूप धारण कर लिया। इसका कुछ आभास मेरी इन नज़्मों और ग़ज़लों से हो सकता है, जिनका शीर्षक इस संग्रह में 'शाम-ए-अयादत' और 'शाम-ए-अयादत के महबूब से' है।

मुझे विश्वास है कि इस संग्रह में जितनी चीज़ें हैं, उन्हें ग़ौर से देखने के पश्चात हर पारखी को कुछ बातों का अनुभव हो जाएगा। शायर के लिए सबसे बड़ा ख़तरा यह है कि वह जब विषय पर पूर्ण सामर्थ्य प्राप्त कर ले और कुछ परस्पर अभ्यास कर ले तो वह शायरी के ख़ूबसूरत धोखे का शिकार हो जाए। भाषा-शैली के सौंदर्य से अर्थ उत्पन्न नहीं होते। इस संग्रह को देखने से संभवतः इस बात का अनुभव होगा कि अर्थ भाषा-शैली में सौंदर्य उत्पन्न कर रहे हैं। एक और धोखे का शिकार कुछ लोग हो जाते हैं। वह यह है कि चिल्लाती हुई भावनाओं को सफलतापूर्वक निखरी हुई भाषा के साँचे में ढाल देना यथार्थ शायरी है। शायरी के इस सिद्धांत से मुझे सदैव विरोध रहा है। शायरी प्रेम-रूपी ग़ज़ल हो अथवा नज़्म, उसकी मूल आत्मा, कई तत्त्वों के परस्पर विलय से उत्पन्न होती है और उसके वास्तविक कमाल में उन्हें तत्त्वों की चमक-दमक झलकती है। बचपन का सरल स्वभाव, विनम्रता, जीवन एवं संसार का सदाबहार कौमार्य, दार्शनिक की चिंता की गहराई एवं वज़न, प्रयोगों में आश्चर्य एवं व्याकुलता, अस्तित्व की प्रवृत्तियाँ, रहस्य और पवित्रता की अनुभूति, प्रेम का दुख-दर्द तथा उसका समर्पण, मानवता की जोशीली आवाज़ तथा वह स्वर-माधुर्य, वह स्वास्थ्य शक्ति, वह जीवन-संदेश जो उन सबके मिश्रण से उत्पन्न होता है।

ये हैं यथार्थ शायरी के तत्त्व, सफल शायरी के लहजे में अंश घुले-मिले होते हैं। मैं प्रचंड एवं कारुणिक यथार्थ और कड़वे अनुभवों से आँखें मूँद लेना तथा उनसे पलायन का समर्थक नहीं हूँ किंतु पाप की एक मनोहारी अनुभूति भी संभव है और यह चेतना अध्यात्मवादियों की परिस्थितियों एवं वृत्तांत से भिन्न है। इस अनुभूति में अमल की चिनगारियाँ हैं। व्यावहारिकता तथा निर्माणकारी संभावनाओं में शायरी बेरंग

वास्तविकताओं को भी एक सुंदर सपने में परिवर्तित करके जीवन की श्रेष्ठता की अनुभूति कराती है। घटनाओं को झुठलाए बिना उनके स्तरीय पहलुओं को व्यक्त कर देती है। शायरी में यथार्थता अवश्य होना चाहिए, किंतु शायरी जितनी ही अधिक वास्तविकता युक्त होगी उतनी ही यथार्थ विहीन होगी। विपत्तियों की मनोरम अनुभूति में इन्क़िलाब पलते हैं न कि विपत्तियों के पत्रकारिता-जैसे अनुभव में।

मैं नहीं कह सकता कि इस स्तर की पूर्ति करने में मुझे कहाँ तक सफलता मिली है। मुझे इसका अहसास है कि हर नमकहलाल शायर को कभी-कभी इस बात का हो जाना चाहिए कि उसका जीवन और उसकी शायरी उन तारों को छूती-छूती रह गई है, जो उसके विचारों के आकाश पर जगमगा रहे हैं। मेरी यह नज़्में मेरे जीवन की कई मंज़िलों का पता देती हैं।

फ़िराक़ गोरखपुरी

इलाहाबाद
12 जून, 1945 ई.

विषय सूची

समर्पण

बनाम

महबूब-ए-शाम-ए-अयादत

यह भीगी मसें रूप की जगमगाहट, यह महकी हुई रसमसी मुस्कराहट
ज़ सर ता क़दम[1] मद में डूबी जवानी, वो, शब-ए-रंग गेसू फ़िज़ा[2] की उदाहट
नसीम-ए-सहर[3] की तरह नर्म गामी, लचकते हुए रूप की लहलहाहट
सरस नर्म संगीत एक एक अदा में, सितारों की पिछले पहर गुनगुनाहट
वोह रंगीन लहराता दोशीज़ा पैकर, शफ़क[4] की ब वक़्ते सहर कँपकपाहट
तो वोह भैरवीं है ज़मीं जाग उठी, दम-ए-सुबहा ज़र्रों की कुनमुनाहट
झलक रूप की शबनमी पैरहन[5] में, हज़ारों चिराग़ों की यह जगमगाहट
यह अंग अंग में ज़ीरो बम है लहू का, के सय्याल[6] कोंदों की है तिलमिलाहट
धुँधलके में यह जूत सीमीं बदन[7] की, सितारों की किरनों की यह लपलपाहट
तुझे भींचते वक़्त नाजुक बदन पर, वो कुछ जामा-ए-नर्म की सरसराहट
बयक वक़्त सौ बिजलियाँ कौंद उठी हैं, यह रह रह के अंग अंग की अचपलाहट
यह लरज़ीदा[8] ज़ुल्फ़ें, यह अम्बर[9] की मौजें, यह धीमी हवाओं में कुछ सनसनाहट
शगुफ़्ता जवानी की शोख़ी-ए-पिन्हाँ, एक एक उज़बें[10] की ज़ेर-ए-लब मुस्कराहट
यह रंगीं जमाली गुलाल उड़ रहा है, के सुबहे बहारों की है थरथराहट
यह हर साँस की नरम लय, यह तरन्नुम, के लेती है हर रागिनी अपनी आहट
यह रस का टपकना यह हुस्ने ख़िरामाँ, रवाँ शबनमिस्ताँ की छमछमाहट
वो हरऑन अँगड़ाई आई हुई सी, वो हर लहज़ कुछ जिस्म में कसमसाहट
पसे ख़्वाब पहलुए आशिक़ से उठना, धुले सादा जोड़े की वो मलगजाहट

इन अशआर में देख ले अक्स अपना
वोह हर मिसरा-ए-तर में है रसमसाहट

फ़िराक़ गोरखपुरी

---

1. सर से पैर तक पूर्णरूपेण 2. बालों जैसे रंग की रात 3. प्रातःकालीन वायु 4. लालिमा 5. वस्त्र 6 वहनेवाली, तरल 7. चाँदी-जैसा शरीर 8. कँपकपाती 9. सुगंध 10. भाग, अंग।

रूह-ए-कायनात

बेनमूद और नमूदार कहीं देखा है ? इस क़दर सादा-ओ-पुरकार कहीं देखा है ?

–सौदा

बे हिजाबी[1] ये के हर सूरत में जलवा आशकार[2]
उसपे घूँघट ये के सूरत आज तक नादीदा[3] है

–आसी ग़ाज़ीपुरी

मेरा राज़-ए-निहाँ[4] हरगिज़ समझ में आ नहीं सकता
जहाँ की सरहद-ए-इदराक[5] ओ अन्दाज़ा में कब मैं हूँ
सबब मेरा पयम्बर हो के आरिफ़ पा नहीं सकता
के इन सबका सबब है एक ही और वो सबब मैं हूँ

मैं इस दुनिया की हर हस्ती का हूँ सरमाया-ए-हस्ती
मेरी ही ज़ात से सब हैं यहाँ नशोनुमा पाते
मैं हूँ अहले-फ़लक अहले-ज़मीं की रिफ़ाअत[6]-ओ-पस्ती[7]
जो आख़िरकार मेरी ज़ात में हैं मेहव[8] हो जाते

जिसे मा'लूम है मैं ला सबब हूँ और ना पैदा
मेरे ज़ेरेनंगी[9] जो सारे आलम को समझता है
कभी ओहाम-ए-बातिल[10] से वो धोखा खा नहीं सकता
के दाग़-ए-माआसियत[11] से उसका दामन पाक होता है

बसीरत[12] अक़्ल, हमदर्दी, सदाक़त[13] और खुदातरसी
शुजाअत,[14] ख़ौफ़, हस्ती नेस्ती, नेकी, रियाकारी[15]

---

1. बेपर्दगी 2. प्रकट होना 3. अदृश्य 4. छिपा हुआ 5. बुद्धि की सीमा, ज्ञान की सीमा 6. बुलंदी, उच्चता 7. पिछड़ापन 8. खो जाना, विलय होना 9. छत्रछाया में 10. झूठी शंकाओं से 11. अवज्ञा 12. दृष्टि 13. सच्चाई 14. बहादुरी 15. मक्कारी

सुकून-ए-क़ल्ब, दुख, सुख, नेकनामी और बदनामी
मेरे ही नूर की किरनें हैं यह क़ैफ़ियतें सारी
निरालापन हूँ मैं ही दहर की हर फ़र्द हस्ती का
दिल हर ज़र्रा-ए-नाचीज़ में साज़े अनलकुल हूँ
हूँ मैं ही कुफ़्र में अन्दाज़ शान-ए-हक़ परस्ती का
के हर बिखरे हुए शीराज़े का मैं ही तसलसुल हूँ
मुरक्कब[16] में हूँ मैं तरकीब मुफ़र्रद[17] में हूँ यकताई
हूँ पस्ती का सहारा और बुलन्दी की मैं रिफ़अत हूँ
दिल-ए-आशिक़ मैं हूँ दर्द और हसीनों में हूँ राअनाई
मैं यानी दहर[18] की हर एक हक़ीक़त की हक़ीक़त हूँ
जुनूँ दीवानों में, वहशत[19] हूँ अच्छी आँसवालों में
हूँ दमख़म ख़ुशक़दों में आन हूँ मैं कजकलाहों में
रुख़-ए-रंगी में ताबिश[20] बरहमी हूँ बिखरे बालों में
मुहब्बत में हूँ बेबाकी, हया नीची निगाहों में
मैं हूँ वह सिम्म-ए-क़ातिल[21] जिसने लाखों को सुला रक्खा
हयात-ए-ख़िज्र जिस पर तोड़ दे दम वो ज़मीं मैं हूँ
मेरे काटे हुओं ने हिल के पानी भी नहीं माँगा
जो डस ले पल झपकने में वो बारे-आस्तीं मैं हूँ
वो बेज़ारी हूँ जो अफ़सुर्दा[22] ख़ातिर हुस्न को कर दे
जो बेखुद कर दे मैं वो बादा-ए-सर जोश[23] हस्ती हूँ
वो बर्क़-ए-हुस्न हूँ रग-रग में जो चिनगारियाँ भर दे
नये सर से जो लाये होश में वो कैफ़-ए-मस्ती हूँ
मैं हूँ वो ज़ब्त जिसमें इज़तराब-ए-बर्क़[24] पिन्हा है
वो बेताबी हूँ जिसकी हर तड़प है जब्त की मंज़िल
वो नाकामी हूँ जो सद मक़सदों से गुल बदामाँ है
मैं वो मक़सद हूँ जो मतलब बरआरी[25] को नहीं हासिल
वो आज़ादी हूँ ज़िन्दान-ए-बला[26] में जिसका मस्कन[27] है
मैं हूँ वो क़ैद, हैं आज़ादियाँ तौक़-ए-गुलू जिसकी

---

16. मिश्रण 17. अलग, विशिष्ट 18. जगत, काल, समय 19. भय 20. ताप, गर्मी 21. ज़हर, विष 22.मायूस, खिन्न, उदास, 23. जोश में लानेवाली सुरा, मदिरा 24. बिजली की-सी व्याकुलता, आतुरता 25. मतलबवाला 26. कारावास का कष्ट 27. ठिकाना

मैं हूँ वो बाद-ए-सर सर[28] जिसके हर झोंके में गुलशन है
मैं वो फूला चमन हूँ पा नहीं सकते हैं बू जिसकी
तड़प वो हूँ सुकून-ए-इन्तिहाई जिसमें पिन्हाँ है
सुकूँ वो हूँ मैं जो इफ़लाक[29] की गर्दिश[30] का हामिल है
वो मंज़िल हूँ जहाँ कैफ़ियत-ए-शाम-ए-गरीबाँ है
गुबार-ए-रहगुजर[31] हूँ जिसके हर ज़र्रे में मंज़िल है
सरे-शाम जवानी रोये ताबाँ[32] की सबाहत[33] हूँ
मैं हर दुखते हुए दिल में जलन हूँ सोज-ए-पिन्हाँ[34] की
शबिस्तान-ए-जमाल-ए-गेसुए पुरख़म की ज़ीनत हूँ
लबे-जाँ बख़्श में मैं ही झलक हूँ सहरे-लरज़ाँ की
वो बेहोशी हूँ मैं जो होशवालों का पता रक्खे
न जीती जा सकी जो आज तक मैं ही वो बाज़ी हूँ
वो उरयानी[35] हूँ मैं जो सारे राज़ों को छुपा रक्खे
जो ठोकर दर-ब-दर खाए वो शान-ए-बेनियाज़ी हूँ
है जिसमें सर बसर[36] वहदत का आलम मैं वो कसरत हूँ
मेरी वहदत में करवट ले रही हैं कसरतें लाखों
सँभल जाते हैं सबके होश जिससे मैं वो वहशत हूँ
मैं हूँ वो होश जिसमें जोश-ए-ज़न हैं वहशतें लाखों
हूँ वो गुम गश्तगी[37] हर जुस्तजू में जो रहे पिन्हाँ
मैं हूँ वो ज़िन्दा दिल जिसकी उदासी की नहीं हद है
मैं हूँ वो उक़्दा[38]-ए-मुश्किल जो आसाँतर से है आसाँ
वो दावा हूँ मैं जिसमें सब दलीलों की छिपी रू है
जो कर दे शोर आलम में बयाँ वो बेज़बानी हूँ
वो वहशी हूँ दम-ए-हंगामा-ए-महशर जो सो जाये
अनलहक़ बोल उठे जो इश्क़ की वो बदगुमानी हूँ
वो ग़ाफ़िल हूँ सर-ए-दार आके जिसकी सुबह हो जाये
हूँ मैं ही सब्र पाँचो पाण्डवों का दश्तगर्दी[39] में
मैं जाँबाज़ी हूँ जंग-ए-बदर में सर खोनेवालों की

---

28. गर्म हवा, लू 29. आकाश 30. चारों ओर 31. अँधेरा मार्ग, धूल भरा मार्ग 32. चमक 33. छिपी हुई ईर्ष्या 34. सुंदरता 35. नग्नता 36. पैबस्त, घुला-मिला 37. जिज्ञासा, पिपासा, खोया हुआ 38. राज़, समस्या 39. वन-वन भटकना

हूँ इस्तक़लाल[40] मैं ही राम का सहरा नवर्दी[41] में
हूँ गहरी नींद ख़ाक-ए-कर्बला में सोनेवालों की
ग़म-ए-उल्फ़त[42] में हूँ मैं नाउम्मीदी शाम-ए-हिजरानी[43]
ख़िराम-ए-नाज़ वालों के दबे पाँवों की आहट हूँ
मैं हर दुखते हुए दिल में चमक हूँ दर्द-ए-पिन्हाँ की
हसीनों के लबों पर चोट खाई मुस्कुराहट हूँ
मुहब्बतवालों में अफ़साना हूँ मैं शाम-ए-हिजराँ का
हूँ बेख़बरी सर-ए-जवानी सोनेवालों की
दिलों में जख़्म हूँ मैं ही तबस्सुम हाय पिन्हाँ का
हूँ मैं ही बेखुदी भी सर झुका के रोनेवालों की
सरश्क-ए-ख़ूं में हैं रंगीनियाँ मेरे ही जलवों की
मेरी बर्क़-ए-नज़र चश्मो चिराग़ अहले-महफ़िल है
मेरा खूने-तमन्ना है रगों में हुस्नवालों की
रुख़े-रंगीं का आईना मेरा दुखता हुआ दिल है
मैं हूँ मज़लूम[44] की फ़रियाद ज़ालिम की सितमकोशी[45]
हूँ ज़र-ए-मनअम[46] का मुफ़लिस ग़म-ए-फ़ाक़ाकशी मैं हूँ
मैं हूँ ज़ाहिद का परहेज़ और रिन्दों की बलानोशी
हलीमों[47] में हूँ हलम[48] और सरकशों की सरकशी मैं हूँ
शफ़क़ मैं हूँ, मैं सुर्ख़ी-ए-चश्म[49]-ए-अंजुम[50] मैं हूँ बेदारी[51]
शुआए-मुहर[52]-ए-आलम ताब मैं, मैं थरथराहट हूँ
मैं हूँ पिछले पहर मैख़ाना-ए-आलम की सरशारी
तुलुअ-ए-सुबह मैं, मैं ही फ़िज़ा की कँपकँपाहट हूँ
वह दर्द-ए-हिज्र हूँ कैफ़े विसाल-ए-दोस्त[53] है जिसमें
मैं हूँ वो वस्ल-ए-बेताबी है जिसमें कर्ब-ए-हिजराँ[54] की
दिल अफ़सुर्दा[55] हूँ जो शमाअ बन जाता है मजलिस में
हूँ वो उम्मीद मैं ही जान है जो यास-ओ-हिरमाँ[56] की
वो सन्नाटा हूँ ख़्वाबीदा[57] हैं जिसमें लाखों आवाज़ें
वो तारीकी हूँ जिसमें सैकड़ों खुर्शीद पिन्हाँ हैं

---

40. दृढ़ता, धैर्य 41. जंगल में वनवास 42. प्रेम का दुःख 43. शाम की जुदाई, विरह, वियोग 44. उत्पीड़ित 45. हिंसा, अत्याचार 46. धनाढ्य, धनसंपन्न 47. गंभीर, शांत, सहनशील 48. शील, सहिष्णुता 49. आँखों की लालिमा 50. तारों 51. जाग्रत 52. सूर्य का प्रकाश 53. मित्र से मिलन 54. बिछुड़ने का कष्ट 55. दुखी दिल 56. निराशा 57. निद्रा में

मैं हूँ वह सुलह-ए-कुल चलती हैं जिसमें लाखों तलवारें
वो दिल जमई हूँ जिसमें सैकड़ों ख़ातिर परीशाँ हैं
वो नुक़्ता हूँ हज़ारों शक्लें जिसमें रहती हैं पिन्हाँ
वो वीराना हूँ आबादी जहाँ दुनिया की बसती है
नवाये राज़ हूँ जिसमें हैं लाखों साज़ के सामाँ
वो मोहताजी हूँ जिसको दौलत-ए-दुनिया तरसती है
वो लब-ए-तश्ना[58] हूँ जिसके हलक़ में सैलाब जारी है
मैं वो दरिया हूँ जिसमें तिश्ना लब लाखों तड़पते हैं
हूँ वो जोश-ए-मुहब्बत मैं जिसे नफ़रत भी प्यारी है
हूँ वो पैकार डंके सुलहकुल के जिसमें बजते हैं
वो बेदारी हूँ दुनिया जिसमें गहरी नींद सोती है
हूँ वो ख़्वाब गिराँ बेदार जिसमें रहता है आलम
हूँ वो दारुल मजन[59] जिसमें खुशी दिन-रात होती है
हूँ वो इशरतकदा[60] रहता है जिसमें रोज़ो-शब[61] मातम
मैं हूँ वो चाँदनी यह माह[62] जिसका एक पारा है
बक़ा[63] जिसका फ़क़त एक लम्हा है वो उम्रे फ़ानी[64] हूँ
मैं हूँ वो धूप यह खुर्शीद जिसका एक शरारा[65] है
समंदर लहर मारे जिसमें वो एक बूँद पानी हूँ
अदा जिसमें शिनासाई[66] की है वो कमनिगाही हूँ
उठे बेगाना वश[67] जो वो निगाहे आशना हूँ मैं
जो आये ख़ूबी-ए-क़िस्मत के हाथों वो तबाही हूँ
जहाँ सोती हैं तक़दीरें वहाँ बख़्त आज़मा हूँ मैं
मैं हूँ वो राज़-ए-सरबस्ता[68] रहे जो सरबसर उरियाँ[69]
शिफ़ा[70] है हर मर्ज़ की जो वो दर्दे ला दवा हूँ मैं
शकिस्त-ए-फ़ाश[71] हूँ वो जिसमें हैं फ़तह-ओ-ज़फर पिन्हाँ
मचलती है फ़ना की गोद में जो वो बक़ा हूँ मैं
मैं ऐसी नेस्ती हूँ रद-ए-हस्ती जिसमें पिन्हाँ है
जो सुर्मा चश्म-ए-महरोमाह में है मैं वो जुल्मत[72] हूँ

58. प्यासे होंठ 59. ठिकाना 60. रतिगृह, खुशियों भरा घर 61. प्रतिदिन 62. चंद्रमा 63. जीवन 64. समाप्त होनेवाली आयु 65. चिनगारी 66. परिचय 67. अपरिचित 68. छिपा हुआ राज़ 69. नग्न 70. स्वास्थ्य-लाभ 71. हार 72. अँधेरा

वो दोज़ख हूँ मैं हर शोअला जहाँ जन्नतबदामाँ[73] हैं
रहे जो नार-ए-दोज़ख[74] दर गिरेबाँ मैं वो जन्नत हूँ

अजल का राज़ है जो वो हयात-ए-जाविदानी[75] हूँ
बँधे जो टूटने से वो तिलिस्म[76]-ए-रंगो बू हूँ मैं
जो चश्मक ज़न बक़ा से है मैं वो दुनिया-ए-फ़ानी हूँ
जिसे खुद खा गया हूँ वो, फ़रेब-ए-आरज़ू हूँ मैं

नमूद-ए-हुस्न दुनिया है मेरी जाली हुई दुनिया
निगाह-ए-हुस्न-ए-आलम है निगा-ए-वापिसी मेरी
यह ख़लक़त[77] है मेरे दर्द-ए-मुहब्बत का चमक जाना
दो आलम को मिटाकर रख दे एक चैन-ए-जबीं मेरी

यह नज़्म-ए-आलम-ए-हस्ती मेरे ही दम से क़ायम है
उलट दूँ मैं ज़मी को एक अबरू[78] के इशारे से
तलातुम[79] जिससे है हर वक़्त बरपा वो मेरा दम है
मैं चाहूँ तो समंदर दूर हट जाये किनारे से

वो एक लम्हा हूँ मैं जिसका कभी कटना नहीं मुमकिन
वो दिन हूँ आके जो शहर-ए-ख़मोशाँ को जगा जाये
मैं ऐसा वक़्त हूँ जिसका कभी कटना नहीं मुमकिन
वो शब हूँ मैं सितारों को भी जिसमे नींद आ जाये

ग़रज़ बज़्म-ए-जहाँ में हुस्न और रौनक़ है जो कुछ भी
ज़हूर उसका यहाँ ऐ दोस्त मेरी ही बदौलत है
मगर दुनिया की हस्ती तो फ़क़त एक शान है मेरी
भला वो कब अयाँ[80] है जो मेरा राज़-ए-हक़ीक़त है

सन् 1926 ई.

---

73. जन्नत का रूप 74. नरक की आग 75. अमृत जीवन 76. जादू 77. सृष्टि, 78. पलक 79. तूफ़ान 80. प्रकट

आफ़ाक़ का कोरस

(टॉमस हार्डी के काव्य-नाटक THE DYNASTS की एक नज़्म का अनुवाद) इस अनुवाद में मूल की ही बहर का निर्वाह किया गया है। मिसरों का वही पैमाना रखा गया है और क़ाफ़ियों का भी वही क्रम रखा गया है। छंदों अथवा कवित्त अंशों का भी वही रूप रखा गया है, जो मूल का है। मूल कविता इस प्रकार है–

I

LAST CHORUS

SEMI CHORUS I OF THE YEARS

Last as first the question sings
of the wills long Travailings,
why the Allmover
why the Allprover
Ever weges on and measures out the dressing time of things.

नीम कोरस (1) माह-ओ-साल का

अब तक खुल न सका यह राज़
क्यों है यह आलम सोज़-ओ-गुदाज़
क्यों क़ुदरत ने
क्यों फ़ितरत ने
हर एक शै ने छेड़ दिया है दर्द भरा यह नग़मा साज़

II

Heaving dumbly
As we deem,
Moulding numbly
As in dream,
Apprehending not how fare the renltenl
subjects of Its schemes

SEMICHORUS I OF THE PITIES

Nay; (-Shall not Its blindness break ?
you must not its heart awake,
Promtly tending
to Its mending
In a genial germing purpose, and for
loving Kindness' sake ?

(2)

बे हिस-ओ-बे जान
सी तग़य्युर[1]
ख़्वाब-ए-परीशाँ
की तसवीर
बेख़बर उससे के है किस हाल में ज़ी अहसास हर एक दिलगीर

नीम कोरस (1) तरहम[2] की देवियों का

क्या होगी न यह जुल्मत[3] दूर
क्या होगी न यह ग़फ़लत[4] दूर
रफ़्ता रफ़्ता[5]
दर्जा ब दर्जा
क्या न दिल फ़ितरत बदलेगा होके मुहब्बत से मजबूर

---

1. परिवर्तन 2. दया, कृपा, 3. अंधकार 4. लापरवाही 5. धीरे-धीरे

II

Should It never
Curb or cure
Aught whatever
Those Endure
Whom It quickens, let them darkls
to extinction swift and sure

CHORUS

But a stirring thrills the air
Like to sounds of joyance there
That the rages
of the ages
Shall be cancelled, and deliverance
affered from the darts that were
consciousness the will informing, till
It fashion all things fair !

(2)

और जो हालत
यूँ ही रही
जो यह अज़ियत[6]
कट न सकी
मिट के फ़ना[7] हो जाये तो अच्छा हर चलती-फिरती हस्ती

---

6. कष्ट 7. समाप्त, ख़त्म

कोरस

लेकिन कुछ है फ़िज़ाँ लरज़ाँ[8]
जोश-ए-तमव्वुज[9] से है अयाँ[10]
सारी बलायें
ग़म की सदायें
मिट जायेंगी और न चलेंगे दुखते दिलों पर फिर पैकाँ[11]
फ़ितरत को होश आयेगा, दुनिया हो जायेगी रश्क-ए-जिनाँ[12]

सन् 1927 ई.

मूल रूप के पहलू-ब-पहलू अनुवाद को देखने से आशा है कि अनुवाद का पूरा-पूरा आनंद प्राप्त हो सकेगा।

'फ़िराक़'

8. कंपित 9. मौंजे मारना 10. प्रकट 11. तीर की नोक 12. स्वर्ग की ईर्ष्या करनेवाले।

इश्क़ और मौत

नज़्म बेक़ाफ़िया

[यह नज़्म भी एक अमेरिकी शायर की नज़्म का शब्द ब शब्द अनुवाद है। क़ाफ़िया व रदीफ़ से मुक्त।

'फ़िराक़']

(1)

एक पुराने कमरे में
हल्की-हल्की रोशनी थी
छिड़ा हुआ था साज़-ए-तर्ब[1]
तुम बैठे थे जहाँ, गोया
एक तसवीर हयात की थी
और हयात के आशिक़ की
मौत एक नग़मा गाती थी

(2)

मुझ को ख़बर है तुम उस वक़्त
क्या सुनते थे क्यों मुड़कर
मेरी तरफ़ हँसकर देखा
एक उड़ते हुए तायर[2] के
उजले[3] परों की सदायें[4] थीं
तुम इस तरह थे खुश जैसे
सैर पसन्द कोई बच्चा

---

1. खुशी का सामान 2. परिंदा, पक्षी 3. साफ़ 4. ध्वनियाँ

(3)

मौत ने गाया ''सो जाओ
अपने जनाज़े पर, और फिर
मुँह को उठा लो ऊपर को''
मुझ से कहा ''तुम साथ चलो
और देखो आँसू न बहें
एक सच्चे आशिक़ की तरह
रक़्स करो और गाते चलो''

(4)

और बढ़े तुम इशारों पर
उन धुँधले परों की सदाओं के
फिर बाद को जब यह मैंने सुना
तुम इस दुनिया में नहीं हो अब
मैं रो न सका; रोने के बजाय
मैं गाता था यूँ ही जैसे
एक सच्चा आशिक़ गाता है

(5)

आज भी एक कमरे में जहाँ
हल्की-हल्की रोशनी है
छिड़ा हुआ है साज़-ए-तर्ब
तुम अब आते हो, गोया[5]
मौत की एक तसवीर की तरह
और एक मौत के आशिक़ की
ज़िन्दगी नग़मा गाती है

सन् 1927 ई.

---

5. जैसे

तराना-ए-इश्क़

हिंदी के एक सुविख्यात गीत से प्रभावित होकर यह नज़्म कही गई है। वह गीत यूँ प्रारंभ होता है–

जलवा चमके उजरी मछरिया रन चमके तरवार
सभवा में चमके मोरे सय्याँ की पगड़िया सेजवा पे बिन्दी हमार !

इसी रूप में यह नज़्म कही गई है, **–फ़िराक़**

जलवा-ए-गुल को बुलबुल बहुत है, शमा को गिर्या-ए-शाम[1]
बादे बहारी[2] गुल को बहुत है, मुझ को तेरा नाम

बिजली चमके काली घटा में, जाम में आतिश-ए-सर्द[3]
चमके राख जोगी की जटा में, मुझमें तेरा दर्द

बल न छुटे तेरे बालों से, और ने[4] से फ़रियाद
पल-भर मन न छुटे कालों से, मुझ से तेरी याद

शाख़ पे शो'ला-ए-गुल की लायक हो, चर्ख़[5] पे अंजुम-ओ-माह[6]
दुनिया पर सूरज की चमक हो, मुझ पर तेरी निगाह

सन् 1928 ई.

---

1. शाम का विलाप 2. बहार की हवा 3. ठंडी आग 4. बाँसुरी 5. आकाश 6. चाँद-तारे

रुबाइयात

मैं और मजनूँ गोरखपुरी आसी ग़ाज़ीपुरी की रुबाइयों से बहुत प्रभावित थे। मैंने मजनूँ का या मजनूँ ने मेरा ध्यान सर्वप्रथम इन रुबाइयों की ओर नहीं कराया। दोनों अलग-अलग इन रुबाइयों से प्रभावित हुए थे और उनकी ओर खिंचे थे। शे'र मैं भी कहता था और कभी-कभी मजनूँ भी। लेकिन रुबाई न वह कहते थे न मैं। सन् 1929 की बात है। मैं कानपुर में था और मजनूँ गोरखपुर में। किसी छुट्टी में जब मैं गोरखपुर गया तो मजनूँ से मैंने ऐलान किया कि मैंने एक सप्ताह के भीतर कुछ रुबाइयाँ कह डाली हैं। मजनूँ ने भी यही सूचना दी कि ठीक उन्हीं दिनों में उन्होंने भी न जाने किस दैवी या आत्मिक प्रेरणा से रुबाइयाँ कह डाली हैं। हम दोनों के लिए यह बहुत सुखद समाचार था और यह बात भी कि दोनों ने 'आसी' ग़ाज़ीपुरी की लय तथा उनकी गूँज से प्रभावित होकर रुबाइयाँ कही थीं। इसके बाद से अब तक उस सप्ताह-भर की कही हुई रुबाइयों में न मजनूँ ने वृद्धि की न मैंने।

रुबाइयाँ प्रायः या तो अलग प्रकाशित की जाती हैं अथवा शायर के कविता-संग्रह के अंत में संग्रहीत होती हैं, किंतु चूँकि इस संग्रह की हर नज़्म तिथिवार या सनवार प्रकाशित हो रही है, इसलिए मेरी इन रुबाइयों का स्थान यही था।

'फ़िराक़'

(1)

कुछ हाल मेरा मेरी ज़बाँ सुन लो
किस तरह कटी है ज़िन्दगानी सुन लो
हाँ, बज़्म-ए-निशात के तराने तो सुन लो
दुखते हुए दिल की भी कहानी सुन लो

(2)

रहती है जान ले के प्यारी दुनिया
रहती है ख़राब कर के अच्छी दुनिया
रहती दुनिया में सब हैं जाती दुनिया
एक अश्वा-ए-जाँ सिताँ[1] है कैसी दुनिया

(3)

हूँ इश्क़-ए-सियाकार मुझ में हैं निहाँ[2]
सद् जलवा-ए-बेक़रार-ए-हुस्ने जाँ
चश्मक[3] ज़न-ए-बर्क-ए-तूर[4] जुल्मत है तेरी
सरतासर हूँ 'फ़िराक़' सहर-ए-लर्ज़ां

(4)

उठ-उठ के झुकी निगाह-ए-जानाँ कैसी
होती थी उभर-उभर के पिन्हाँ कैसी
फ़व्वारा-ए-खूं का हाल सीने में न पूछ
दिल पर चलती रही हैं छुरियाँ कैसी

(5)

मुमकिन हो तो फ़र्ज़-ए-इश्क़ पूरा कर लें
मुमकिन हो तो दिल में दर्द पैदा कर लें
अपना कर लें तुझे यह क़िसमत में कहाँ
दुखते दिल से तेरी तमन्ना कर लें

(6)

हस्ती को किसी तरह से यह राज़ मिले
हस्ती के किसी साज़ से यह साज़ मिले
हस्ती को तो हम देते सुकून-ए-जावेद
कुछ दिल के धड़कने का भी अन्दाज़ मिले

(7)

ऐ दोस्त बता तेरा तकल्लुम[5] क्या है
चश्मक क्या है तेरा तबस्सुम[6] क्या है
इस वक़्त फ़िज़ा है एक सहर-ए-लर्ज़ां
आगे तेरे यह मेरा तोहम[7] क्या है

---

1. कष्टदायी हाव-भाववाली 2. छुपे हुए 3. औरत की आँख का इशारा 4. बिजली-जैसा पहाड़ 5. कथन 6. मुस्कुराहट 7. भ्रम, वहम, सन्देह

(8)

सोते रहे मीठी नींद सोनेवाले
ग़ाफ़िल[8] हाल-ए-जहाँ से होनेवाले
बढ़ता ही रहा सुकूत-ए-शाम[9]-ए-हिज्राँ
रोते ही रहे किसी के रोनेवाले

(9)

एक शोख़ की तसवीर लिये आये हैं
मिट जाने की तदबीर लिये आये हैं
या एक दिल-ए-बेताब लिये आये हैं, या
फूटी हुई तक़दीर लिये आये हैं

(10)

हाँ ज़ख़्म-ए-जिगर को कुछ तो अच्छा कर लें
हाँ सोजे निहाँ को कुछ तो ठंडा कर लें
रो ले तेरा नाम ले के शाम-ए-हिज्राँ
दुखते हुए दिल का कुछ मदावा[10] कर लें

(11)

कुछ बेखुदी हिज्र में भूला हुआ दर्द
कुछ तीरगी यास[11] में चमका हुआ दर्द
दुनिया न बदल दें तेरे बीमारों की
कुछ कशमकश-ए-ज़ब्त कुछ उठता हुआ दर्द

(12)

क्या थी यही मसलहत शिनासी तेरी
क्यों बढ़ गई इतनी बदहवासी तेरी
हम से सरे बज़्म नाज़-ए-जाँनाँ ऐ दिल
देखी नहीं जाती यह उदासी तेरी

(13)

ग़फ़लत का हिजाब कोह-ओ-सहरा से उठा
पर्दा फ़ितरत के रूए ज़ेबा[12] से उठा

8. लापरवाह 9. मौन शाम का 10. उपचार, इलाज 11. निराशा का अंधकार 12. मुख, सुन्दर मुख, पटल

पौ फटने का आज सुहाना है समाँ
पिछले को 'फ़िराक़' कौन दुनिया से उठा*

(14)

ऐ दिल तुझे हुस्न-ए-रूए-ताबाँ की क़सम
ऐ दिल तुझे गेसुए[13] परेशाँ की क़सम
क्यों इतनी दुखी हुई है हस्ती तेरी
ऐ दिल तुझ को जमाल-ए-जानाँ[14] की क़सम

(15)

एक दर्द की दुनिया है इधर देख तो ले
कुछ और नहीं कहते मगर देख तो ले
जिस दिल को तेरे ग़म ने किया दिल ऐ दोस्त
उस दिल की तरफ़ एक नज़र देख तो ले

(16)

सोई हुई तक़दीर को बेदार करें
खोई हुई दुनिया को ख़बरदार करें
जिस आँख की मस्ती है जहाँ पर छाई
मुमकिन हो तो उस आँख को होशियार करें

(17)

इतनी जो बड़ी नहीं तो छोटी भी नहीं
कटती है लेकिन इतनी जल्दी भी नहीं
जी-मरके फ़िराक़ सुबह कर ही देंगे
गो लाख बड़ी है रात इतनी भी नहीं

---

13. केश 14. प्रेयसी

* सन् 1918 में मेरे पूज्य पिता जी हज़रत इबरत गोरखपुरी की मौत देहरादून में हुई, जहाँ उन्हें इलाज के लिए ले जाया गया था। पौ फट रही थी। जब हम लोग रोकर कुछ चुप हुए तो माता जी ने कहा—बेटा ! तुम्हारे पिताजी कितने निर्छल व्यक्ति थे। देखो उन के मरने से हम लोगों पर दुःख एवं कष्टों का पहाड़ टूट पड़ा, लेकिन घर उदास नहीं मालूम होता। आकाश से मिली हुई पहाड़ियों पर बसे हुए मसूरी के मनोरम दृश्य पर सूर्य की पहली किरणें पड़ रही थीं। आम आस्था है कि जब कोई पुण्य मन स्वच्छ निहित व्यक्ति मरता है तो वहाँ का वातावरण दूषित एवं करुणामय प्रतीत होने के विपरीत एवं विशुद्ध दिखाई देता है। 'मुसाफ़िर सो गया क्या जाग उठी तक़दीर मंज़िल की' इसी घटना की यादगार रुबाई है।

(18)

अल्लाह रे सितम के दिल दुखाते भी नहीं
अपने से जो दिल दुखे रुलाते भी नहीं
मायूस दिल को छेड़ते जाते भी नहीं
रोता हो कोई तो मुस्कराते भी नहीं

(19)

घर से निकले हुओं की मंज़िल न सही
होती नहीं सिहल[15] गर यह मुश्किल सही
इस गर्दिश-ए-आसमाँ में खो जाने को
वीराना सही किसी की महफ़िल न सही

(20)

ऐ दिल तेरी अदाये वहशत[16] देखी
तेरी नैरंगी-ए-तबीयत देखी
खुलता नहीं यह भेद के ऐ दिल तुझ में
हँस देने की रोते-रोते आदत देखी

(21)

सोना चाहें अगर तो सोते न बने
रोना चाहें अगर तो रोते न बने
इस जान-ए-बवाल[17] जाँ को तुझसे छूटकर
खोना चाहें अगर तो खोते न बने

(22)

होता है निसार-ए-नाज़ बे जा हो जा
होता है अगर किसी का अच्छा हो जा
हाँ फ़र्क़-ए-नियाज़-ओ-बेनियाजी न रहे
ऐ दिल मासूमियत सरापा हो जा

(23)

हर सिम्त ख़मोशी का समाँ होता है
आलम है के बेलाग पड़ा सोता है
ऐ दोस्त मगर रात के सन्नाटे में
ले-ले के तेरा नाम कोई रोता है

---

15. सरल 16. भयभीत होने का भाव 17. जान की मुसीबत, जंजाल

(24)

हम हैं के हैं झेलते मुसीबत बैठे
और तुम हो के ढा रहे हो आफत बैठे
हम बैठें अगर समन्द गरदूँ न उठे
तुम उठो अगर, अभी क़यामत बैठे*

(25)

सोनेवालों को क्या जगाती दुनिया
अफ़साने थे कौन जो सुनाती दुनिया
दुनिया का भरम खुला न पूछो कैसे
जब आँख खुली तो देखी जाती दुनिया

(26)

ऐ दोस्त बिछड़ के तुझ से जीनेवाले
चुपचाप लहू के घूँट पीनेवाले
करते नहीं आह तक शिकायत कैसी
अपने हाथों से होंठ सीनेवाले

(27)

हर एक को बेताब[18] बना के उठे
शो'ले दिल-ए-सोज़ा[19] के उठा के उठे
बैठे भी अगर दिल में समा के बैठे
उठे भी अगर आग लगा के उठे

(28)

नाशाद हैं जो शाद भी हो जायेंगे
बर्बाद हैं आबाद भी हो जायेंगे
मजबूर से मजबूर तो हो लें पहले
क़ैदी तेरे आज़ाद भी हो जायेंगे

(29)

कुछ और भी भूले कोई भूला हुआ दिल
कुछ और भी गुम हो कोई खोया हुआ दिल

---

* सम्भवतः अफ़सूँ अज़ीमाबादी का यह शे'र है–
हम जो बैठें तो कभी अबलक़-ए-गर्दूं न उठे / तुम जो उट्ठो तो अभी फ़ित्ना-ए-महशर उट्ठे'

'फ़िराक़'

18. लालायित 19. जले दिल की चिनगारियाँ

यह कैसी सदा ग़ैब[20] से आती है फ़िराक़
कुछ और भी दुखता कोई दुखता हुआ दिल

(30)

जो रंग उड़ा वह रंग आख़िर लाया
दर्द-ओ-ग़म-ओ-सोज़-ओ-साज़-या क्या पाया
जीने का मज़ा मिला किसी पर मर के
सद शुक्र 'फ़िराक' दिल को दुखना आया

(31)

क्या कहते थे इसका तो किसे होश रहा
हाँ बज़्म में तक़रीर का एक जोश रहा
देखा जो यह हाल जोशवालों का फ़िराक़
दीवाना भी कुछ सोच के ख़ामोश रहा

(32)

उठेगी उन्हीं की आँख तेरे आगे
कब मआरके[21] से कभी यह पहले भागे
आई थी उन्हीं को नींद गहरी सर-ए-दार
ऐ दोस्त तेरे देखनेवाले जागे

(33)

कुछ अहले हविस की भी तमन्ना, देखी
कुछ ललचाये दिलों की दुनिया देखी
देखा है जो मर्तबा शहीदों का तेरे
तुझ पर मरने चले हैं देखा-देखी

(34)

करते नहीं कुछ तो काम करना क्या आये
जीते जी जान से गुज़रना क्या आये
रो-रो के मौत माँगनेवालों को
जीना नहीं आ सका तो मरना क्या आये

(35)

सौ तरह के स्वाँग है रचाती दुनिया
हम को नहीं एक आँख भाती दुनिया

---

20. कल्कि वाणी 21. मुक़ाबला

रहती दुनिया हो या हो जाती दुनिया
दुनियावालों के काम आती दुनिया

(36)

दुनिया में तेरे सिवा सहारा भी नहीं
उक़बा[22] भी है तू ही वर्ना उक़बा भी नहीं
सौंपा तुझे जिसने खुद को सब कुछ पाया
तेरा जो नहीं हुआ वो अपना भी नहीं

(37)

हाँ दीन की वो शान कहाँ से लाऊँ
ईमान की वो जान कहाँ से लाऊँ
जो दीन जो ईमान तेरे शायाँ हो
वो दीन वो ईमान कहाँ से लाऊँ

(38)

सच है उनका कोई सहारा भी नहीं
सच है उनका कहीं ठिकाना भी नहीं
था सब्र उन्हें हर हाल में रोना तो यह है
दिल आप के दुखों का दुखता भी नहीं

(39)

नाशाद[23] किसे कहते हैं और शाद[24] किसे
मजबूर किसे कहते हैं आज़ाद किसे
एक दिल है के सौ भेस बदलता है फ़िराक़
बर्बाद किसे कहते हैं आबाद किसे

(40)

सच्चे दिल से दुआएँ देता कोई
कहने को तो हो जाये के चेता कोई
दुनिया कहती, तेरे तग़ाफ़ुल[25] का भला
बेताबी-ए-इश्क़ देख लेता कोई

(41)

हाँ पाक निगाहों से तुझे देखा था
नमनाक[26] निगाहों से तुझे देखा था
वो दिल था जिसने मुझ को ग़ाफ़िल[27] पा के
बेबाक निगाहों से तुझे देखा था

---

22. परलोक, यमलोक 23. अप्रसन्न, उदास 24. प्रसन्न, प्रफुल्ल 25. उपेक्षा 26. भीगी हुई 27. बेखबर

(42)

कितनों को मिटा चुकी मुहब्बत तेरी
कितनों को सुला चुकी मुहब्बत तेरी
सुनते हैं हमें भी गोश-ए-इबरत[28] के लिए
अफ़साना बना चुकी मुहब्बत तेरी

(43)

हाँ नाम तो धर चुकी मुहब्बत तेरी
बदनाम तो कर चुकी मुहब्बत तेरी
कहते हैं जो लोग हम समझते भी नहीं
अब हद से गुज़र चुकी मुहब्बत तेरी

(44)

क्या कहिए कटी हयात फ़ानी कैसी
आई थी बलाये नागा हानी कैसी
जीने के दिन थे और थीं मरने की दुआएँ
मौत थी दोस्तो जवानी कैसी

(45)

मुझसे यह अबस[29] है बदगुमानी तेरी
यूँ ही सही ख़ैर महरबानी तेरी
अपनी-अपनी पड़ी है सबको ऐ दिल
सुनता ही नहीं कोई कहानी तेरी

(46)

खुद को जो तेरे ग़म में मिटा जायेंगे
जाते हुए याद अपनी दिला जायेंगे
उजड़ेंगे अगर जहान-ए-फ़ानी तो हई
एक दर्द की दुनिया तो बसा जायेंगे

(47)

बिछड़े हम दोस्त से मुक़द्दर फूटे
डर है ग़म-ए-हिज्र में न हिम्मत छूटे
वो कट चली शाम-ए-ग़म वो टपके आँसू
वो सुबह हुई वो देखो तारे टूटे

---

28. प्रेरणा का अंग 29. बेकार

(48)

खोते हैं अगर जान तो खो लेने दे
ऐ दोस्त जो हो जाये वो हो लेने दे
तुझ से जो छुटे सब्र भी कर लेंगे कभी
इस वक़्त तो जी खोल के रो लेने दे

(49)

बेताब हैं तेरा नाम लेते भी नहीं
दुखते हुए दिल को थाम लेते भी नहीं
ऐसा कब था तेरा तग़ाफ़ुल लेकिन
कुछ जज़्ब-ए-निहाँ[30] से काम लेते भी नहीं

(50)

ऐजाज़[31] यह तक़दीर ने तुमको ही दिया
नाकाम मुहब्बत का भरम खो ही दिया
क्या जानिये क्यों मुझको सरे बज़्म तर्ब[32]
तुम हँस ही दिये देख के मैं रो ही दिया

(51)

रात इतनी गुज़र चुकी यह सोते भी नहीं
ग़ाफ़िल कुछ देर को यह होते भी नहीं
आलम है के महव-ए-ख्वाब[33]-ए-ग़फ़लत 'फ़िराक़'
रोनेवाले किसी को रोते भी नहीं

(52)

दिन डूब गया रात की अँधियारी है
हर सिम्त ख़मोशी का समाँ तारी है
तारे भी उगे दर्द भी सीने में उठा
वो आँख की यह क़ल्ब की बेदारी है*

(53)

दुनिया तब्दीलियों का नक़्शा होगी
यह होगी, वह होगी जाने क्या-क्या होगी
जब कैफ़-ए-दवाम[34] देगी शान-ए-तग़य्युर[35]
दुनिया उस दम फ़िराक़ दुनिया होगी

---

30. छुपी हुई भावना 31. कला, चमत्कार 32. खुशी का सामान 33. सपने में लिप्त 34. लगातार मस्ती 35. बदलता मान सम्मान, मर्यादा-परिवर्तन

* मेरी ओर तारे उगना, अर्थात् आकाश पर तारों का प्रकट होना, कहते हैं –'फ़िराक़

(54)

हर एक नज़र यह काम करती भी नहीं
हर एक निगाह यूँ उतरती भी नहीं
सदक़े तेरे देखने के ज़ालिम दिल पर
पड़ती है वो चोट जो उभरती भी नहीं

(55)

परवाने को है चिराग़-ए-महफ़िल की तलाश
जाँबाज़ को है जलवा-ए-क़ातिल की तलाश
गुमकर्दा[36] रह वतन को मंज़िल की तलाश
उस हुस्न को है दुखते हुए दिल की तलाश

(56)

रक्खा है किसी की आस रहने ही में क्या
रक्खा है किसी के पास रहने ही में क्या
आदत-सी पड़ गई है शायद वर्ना
रक्खा है फ़िराक़ उदास रहने में ही क्या

(57)

हाँ कम नहीं तेरे पास रह लेना भी
हाँ कम नहीं तेरी आस रह लेना भी
यूँ दिल को न हो सब्र बहुत है वर्ना
तुझ से छुटकर उदास रह लेना भी*

(58)

ऐ दिल तू किसी को याद आता भी नहीं
तुझको अपना कोई बनाता भी नहीं
यह याद किसी की रंग लायेगी कभी
ऐ दिल तू किसी को भूल जाता भी नहीं

(59)

कोई जो सँवर जाये सँवर जाने दो
कोई जो निखर जाये निखर जाने दो

---

36. खोया हुआ
* ऊपरवाली रुबाई का दूसरा रुख़।

यह फ़ुर्सत-ए-नज़्ज़ारा ग़नीमत है फ़िराक़
दिल पर जो गुज़र जाये गुज़र जाने दो

(60)

ऐ दुखते हुए दिल के दुखाने वाले
रोते हुए को और रुलाने वाले
इतनी भी नहीं छेड़ किसी से अच्छी
हँसते हुए मुँह फेर के जाने वाले

(61)

तन्हा कब बाद-ए-मर्ग बिस्तर से उठा
एक और जनाज़ा भी बराबर से उठा
उट्ठा रस्मे वफ़ा जहाँ से लेकर
बीमार तेरा अजीब तेवर से उठा

(62)

बढ़ते चले हाथ जेब-ओ-दामाँ की तरफ़
वहशी के क़दम उठे बयाबाँ[37] की तरफ़
है सुब्ह-ए-बहार लड़खड़ाती है नसीम[38]
उठती है नज़र तेरी गुलिस्ताँ की तरफ़

(63)

ज़र्रों की नज़र है माह-ए-ताबाँ[39] की तरफ़
परवाना भी उड़ चला चिराग़ की तरफ़
है महव-ए-जमाल-ए-दहर[40] बज़्मे हस्ती
मेरी भी नज़र है रूऐ जानाँ[41] की तरफ़

(64)

पीना तो नहीं है खैर पीने का है नाम
तर कर ले लबों को क्यों रहेगा बदनाम
पैमाना-ए-दिल की तह में कुछ तो है तेरी
क़िस्मत में कहाँ फ़िराक़ छलका हुआ जाम

(65)

जीना तो नहीं है ख़ैर जीने का है नाम
रोना क़िस्मत का भी है आखिर एक काम

---

37. जंगल 38. ठंडी हवा 39. प्रकाशित चंद्रमा 40. समय, जगत, काल 41. प्रेयसी के मुख की ओर

ऐ मौत की नींद हम भी जागे हैं बहुत
आये भी तो आफ़ताब अपना लबेबाम[42]

(66)

दिल था के कोई शम-ए-शबिस्तान-ए-हयात
अँधेरा हुआ बुझते ही, कहने की है बात
दिल ही था के जिस का साथ देने के लिए
बैठे हुए रोया किये हम रात की रात

(67)

ग़ाफ़िल दुनिया को तूने फ़ानी समझा
क्या तूने भी राज़-ए-ज़िन्दगानी समझा
हस्ती की हक़ीक़त कोई उससे पूछे
पल-पल को जो उम्र-ए-जाविदानी[43] समझा

(68)

ख़लक़त[44] को सँवार दे इबादत क्या है
दुनिया का शबाब आये जन्नत क्या है
हाँ मैकदा-ए-जहाँ का ज़र्रा-ज़र्रा
सर शार-ए-मजाज़[45] हो हक़ीक़त क्या है

---

42. ऊपर 43. सदैव रहनेवाला जीवन, आजीवन 44. सृष्टि 45. लौकिक परिपूर्ण, अवास्तविक भरा हुआ

तराना-ए-ख़िज़ाँ

एक बार रेल की यात्रा में अपने प्रिय-मित्र क़ाज़ी मुहम्मद अदील अब्बासी साहब का साथ हो गया। उन्होंने एक विशेष धुन में इक़बाल का तराना 'अज ख़्वाब-ए-गिराँ, ख़्वाब-ए-गिराँ ख्वाब-ए-गिराँ खेज़' सुनाया। उस तराने की लय और शैली की प्रेरणा अंग्रेज़ी कविता 'ODE TO THE WEST WIND' से मिली। **—'फ़िराक़'**

यकलख़्त[1] बदलती हुई आलम का समाँ चल
एक आग लगाती हुई लर्ज़ा-ओ-तपाँ चल
जाती हुई दुनिया-ए-चमन की निगराँ चल
आती हुई रंगीनियों से जलवा फ़िशाँ[2] चल
ऐ बादे-ख़िज़ाँ बादे-ख़िज़ाँ बादे-ख़िज़ाँ चल
ऐ बादे-ख़िज़ाँ चल

गुंचे को चमन में जो चटकना हो चटक ले
जिस रंग को गुलशन में चमकना हो चमक ले
गर हुस्न-ए-गुलिस्ताँ को दमकना हो दमक ले
कुछ दिन कमर-ए-बाद-ए-बहारी[3] भी लचक ले
ऐ बादे-ख़िज़ाँ बादे-ख़िज़ाँ बादे-ख़िज़ाँ चल
ऐ बादे-ख़िज़ाँ चल

बदमस्तियों का दौर गुज़र जाये गुज़र जाये
बर्ग-ओ-गुल[4]-ओ-सब्ज़ा का चढ़ा नशा उतर जाये
यह बज़्म-ए-चमन सुए-अदम[5]-ख़ाक बसर जाये
शीराज़-ए-गुलज़ार बिखर जाये बिखर जाये
ऐ बादे-ख़िज़ाँ बादे-ख़िज़ाँ बादे-ख़िज़ाँ चल
ऐ बादे-ख़िज़ाँ चल

---

1. एकदम 2. चमत्कार दिखाना 3. बहार की वायु 4. वृक्ष एवं फूल 5. यमलोक

फूलों के चिराग़ाँ को बुझा दे तो बुझा दे
आते ही गुलिस्ताँ में एक अंधेर मचा दे
हर बाग़ को एक निकहत-ए-बर्बाद बना दे
गुलज़ार का गुलज़ार लुटा दे तो लुटा दे
ऐ बादे-ख़िज़ाँ बादे-ख़िज़ाँ बादे-ख़िज़ाँ चल
ऐ बादे-ख़िज़ाँ चल

अरबाब-ए-चमन को कफ़न-ए-ख़ाक उठानी
मा बाअद[6] की हर क़द्र में आती है छुपाती
तू मुस्बें नबातात[7] है तू रूहे नबाती[8]
या जान-ए-नमू मौज-ए-फ़ना बनके है आती
ऐ बादे-ख़िज़ाँ बादे-ख़िज़ाँ बादे-ख़िज़ाँ चल
ऐ बादे-ख़िज़ाँ चल

फूले हुए गुलज़ार को वीरान किया है
ताऊस[9] को उड़ती हुई नागिन ने डसा है
एक क़हर है आफ़त है क़यामत है बला है
या बाग़ में लहराई हुई बर्क़-ए-फ़ना[10] है
ऐ बादे-ख़िज़ाँ बादे-ख़िज़ाँ बादे-ख़िज़ाँ चल
ऐ बादे-ख़िज़ाँ चल

सूखा जो चमन और हुई शान-ए-गुलिस्ताँ
क्या जानिये क्यों हुस्न बना सोख़्ता सामाँ[11]
हर ज़र्रे से अब वुसअत-ए-सेहरा[12] है नुमायाँ[13]
आलम है नया बाग़ का यह मंज़र-ए-वीराँ
ऐ बादे-ख़िज़ाँ बादे-ख़िज़ाँ बादे-ख़िज़ाँ चल
ऐ बादे-ख़िज़ाँ चल

गो सौ तरह आबाद हैं आबाद-ए-वतन भी
बहलाते हैं इन्साँ को उजड़े हुए बन भी
बे क़ैफ़ नहीं बे गुल-ओ-बे बर्ग चमन भी
है देखने की चीज़ यह उरियान-ए-तन[14] भी
ऐ बादे-ख़िज़ाँ बादे-ख़िज़ाँ बादे-ख़िज़ाँ चल
ऐ बादे-ख़िज़ाँ चल

---

6. बाद में हुई 7. वनस्पति का सृष्टिकर्त्ता 8. वनस्पति आत्मा 9. मोर 10. मृत्यु की बिजली 11. जला हुआ, दुखी समान 12. जंगल का विस्तार 13. प्रकट 14. नंगा शरीर

वीरानियों से खित्ता[15]-ए-गुलज़ार कर आबाद
आबादियों से अर्सा-ए-गुलज़ार कर आज़ाद
आये नज़र एक आलम-ए-हू हर दिल-ए-नाशाद
यह कहने लगे 'अब गुल-ओ-गुलज़ार नहीं याद'
ऐ बादे-ख़िज़ाँ बादे-ख़िज़ाँ बादे-ख़िज़ाँ चल
ऐ बादे-ख़िज़ाँ चल

हर निकहत-ओ-हर रंग-ए-गुलिस्ताँ को मिटा दे
हर तफ़्रिक़ा[16] हर तरह की तमीज़ उठा दे
गुलज़ार को हर क़ैद-ए-तअय्युन[17]-से छुड़ा दे
एक जलवा-ए-बे क़ैफ़ गुलिस्ताँ को बना दे
ऐ बादे-ख़िज़ाँ बादे-ख़िज़ाँ बादे-ख़िज़ाँ चल
ऐ बादे-ख़िज़ाँ चल

फूलों का भरा जाम शहादत का पिला दे
सर मस्ती-ए-गुलज़ार को तू कैफ़-ए-फ़ना दे
'है मौत हसीं' राज़ यह दुनिया को बता दे
रंग-ए-चमनिस्तान-ए-ख़िज़ाँ दीदा दिखा दे
ऐ बादे-ख़िज़ाँ बादे-ख़िज़ाँ बादे-ख़िज़ाँ चल
ऐ बादे-ख़िज़ाँ चल

जाँ दादा-ओ-हस्ती-ए-परेशाँ चमन-ए-तू
तन्हा दम-ए-तन्हाई निगहबाँ-चमन[18]-ए-तू
ख़िलवतकदा[19]-ए-राज़ में मेहमाँ चमन ए-तू
ख़मियाज़ा कश्न-ए-बादा-ओ[20]-इरफ़ाँ चमन-ए-तू
ऐ बादे-ख़िज़ाँ बादे-ख़िज़ाँ बादे-ख़िज़ाँ चल
ऐ बादे-ख़िज़ाँ चल

तू रहज़न[21]-ए-सरमाया ओ सामान-ए-गुलिस्ताँ
तू रहबर-ए-सर-ए-मंज़िल इरफ़ान-ए-गुलिस्ताँ
अज़-सिक्त-ए-अदम[22]-जुम्बान-ए-गुलिस्ताँ[23]
आन-ए-दिगर-ए-क़ालिब-ए-बेजान-ए-गुलिस्ताँ
ऐ बादे-ख़िज़ाँ बादे-ख़िज़ाँ बादे-ख़िज़ाँ चल
ऐ बादे-ख़िज़ाँ चल

---

15. स्थल 16. भेद-भाव 17. माली, देखरेख करने वाला, संरक्षक 18. एकान्तवास 19. शराब की पहचान सहन करने वाला 20. लुटेरा 21. हिलता हुआ चमन 22. निश्चित क़ैद 23. यमलोक की दिशा से

तू आ के गुलिस्ताँ बने आइना-ए-वहदत
वीरान-ए-चमन में भी है एक शान-ए-नज़ाकत
इक माअनवियत इसमें है एकशान-ए-लताफ़त
इक रंग-ए-कसाफ़त है गुल-ओ-लाला की कसरत
ऐ बादे-ख़िज़ाँ बादे-ख़िज़ाँ बादे-ख़िज़ाँ चल
ऐ बादे-ख़िज़ाँ चल

जलवे हैं समाये हुए वीरान फ़िज़ाँ में
हैं राज़ बसाये हुए सुनसान फ़िज़ाँ में
हर आन नई होती है एक शान-ए-फ़िज़ाँ में
एक जान-सी पड़ जाती है हर आन फ़िज़ाँ में
ऐ बादे-ख़िज़ाँ बादे-ख़िज़ाँ बादे-ख़िज़ाँ चल
ऐ बादे-ख़िज़ाँ चल

हर ज़र्रे में रख दी है जो एक आतिश-ए-पिन्हाँ[23]
भड़केगी वही बन के गुल-ओ-लाला ओ-रे हाँ[24]
ऐ मर्ग-ए-मफ़ाजात[25]-ए-चमन, जान-ए-गुलिस्ताँ
हैं कितनी बहारें तेरी शर्मिन्दा-ए-अहसाँ
ऐ बादे-ख़िज़ाँ बादे-ख़िज़ाँ बादे-ख़िज़ाँ चल
ऐ बादे-ख़िज़ाँ चल

आते हुए गुलज़ार का गुलज़ार उलटा दे
जाते हुए गुलज़ार का गुलज़ार दिखला दे
तू हस्ती-ए-गुलज़ार-ए-अदम करके दिखा दे
फिर इस अदम आबाद को गुलज़ार बना दे
ऐ बादे-ख़िज़ाँ बादे-ख़िज़ाँ बादे-ख़िज़ाँ चल
ऐ बादे-ख़िज़ाँ चल

23. छिपी आग 24. शराब 25. अचानक मृत्यु

साक़ी

दिलों में दर्द उठा बज़्मेमय[1] दिलगीर है साक़ी
गुदाज़-ए-जाँसिताँ[2] की जाम-ए-मय तसवीर है साक़ी
फ़िज़ाए दिल है अफ़सुर्दा[3] अभी दुनिया नहीं बदली
अभी यह मयपरस्ती कितनी बेतासीर[4] है साक़ी
सुकूत-ए-होश में हंगामा ज़ार-ए-मासिवा गुम है
यह कैफ़-ए-बे मय ओ-मस्ती फ़ना तासीर है साक़ी
निज़ाम-ए-दहर[5] बदले, आसमाँ बदले, ज़मीं बदले
निगाह-ए-मस्त[6] के उठने में क्यों ताख़ीर[7] है साक़ी
लरज़ता है निज़ाम-ए-दौर-ए-हाज़िर[8] तेरे रिन्दों से
के ये सौ बार की तोड़ी हुई जंजीर है साक़ी
मक़ाम-ए-मयपरस्ती[9] को न पाया ज़ुहद-ओ-तक़वाने[10]
सबब इस फ़र्क़ का तदबीर या तक़दीर है साक़ी
यह रंगीनी यह सरशारी[11] यह मख़्मूरी यह बेताबी
फ़िज़ा आलम की छलके जाम की तसवीर है साक़ी
बहुत बेदार-ओ-ख़ुद्रदाराना-शग़ल[12]-ए-मयपरस्ती है
यह कारोबार बे ताअजील-ओ[13]-बे ताख़ीर है साक़ी
किया है टुकड़े-टुकड़े आफ़ताबों को सितारों को
मेरी आहैं फ़लक पैमाँ बला का तीर है साक़ी
वो दौर-ए-बेक़रारी है के ग़फ़लत है न होशियारी
वजूद-ए-दहर भी किस ख़्वाब की ताबीर है साक़ी

---

1. शराबघर 2. नर्मकष्टदायी 3. दुखी 4. बेअसर, अप्रभावी 5. विश्वव्यवस्था 6. मौज-मस्ती 7. देर 8. वर्तमान प्रबन्ध 9. शराबघर 10. संयम एवं पारसा 11. तृप्तता, परिपूर्णता 12. रुचि, शौक़ 13. शीघ्रता, आतुरता, जल्दी

यह बरज़िश यह तमव्वुज[14] यह दहक यह शोअला सामानी
हयात-ए-नाशकीबा[15] की यह मय तसवीर है साक़ी

झलक उठी हयात-ए-बे-मुहाबा[16] ज़र्रा-ज़र्रा से
सुना था मैक़दा की ख़ाक-ए-दर अकसीर है साक़ी

यह बज़्म-ए-मय तो क्या ज़ुल्मात भी बेदार-ओ-रोशन हैं
यह मदहोशी हरीफ़-ए-नाला-ए-शबगीर[17] है साक़ी

निगाह-ए-मस्त से पाया था जो पैग़ाम-ए-खुद्दारी
उसी की इज़्तराब[18]-ए-मैकशाँ तफ़सीर है साक़ी

सदाए नग़मा-ओ-साज़-ए-तर्ब से दिल भर आये हैं
निशात-ए-ज़िन्दगी किस दर्जा ग़म-ए-तासीर है साक़ी

तेरे ही बेक़रारों ने मज़ाक़-ए-ज़िन्दगी बदला
नया ख़्वाब-ए-परीशाँ हैं नई ताअबीर है साक़ी

नई महफिल नए सामाँ नई बादापरस्ती[19] है
नए मैकश नई मय है नई तासीर है साक़ी

अब आईन-ए-कुहन[20] उल्टे, ज़मीं उल्टी, फलक उल्टा
यह दौर-ए-इन्क़िलाब अब के तो आलमगीतर है साक़ी

चढ़ाकर जाम-ए-बेहोशी फ़िराक़-ए-बेख़बर चौंका
वोह पीना ख़्वाब था यह चौंकना ता'बीर है साक़ी

सन् 1935 ई.

---

14. लहरें लेना, मौजें मारना 15. असन्तुष्ट जीवन 16. निर्भीक 17. गत रात के मुसाफिर का शोर 18. व्याकुलता, आतुरता, घबराहट 19. सुरापान 20. पुराना, शीशा

बेख़बरी

सुना रही है दिलों को पयाम-ए-बेख़बरी
हज़ार कैफ़ियतों से यह रात तारों भरी
गुलों की अश्वागरी[1] महरो माह की जलवागरी
हर एक झलक में हज़ारों पयाम-ए-बेख़बरी
नमूद-ए-हुस्न सरापा फ़ुसून-ए-अश्वागरी
हयात-ए-इश्क़ सरासर जहान-ए-बेख़बरी
दम-ए-सहर सर-ए-मिज़गाँ[2] सर शक दरो विदाअ[3]
वो रंगो-बू[4] का समाँ वो सितारा-ए-सहरी[5]
हुई बचश्मे-ज़दन[6] दास्तान-ए-हुस्न-ए-समाम
के जलवा-ए-ज़ार-ए-जहाँ था तबस्सुम-ए-शररी[7]
न पूछ देख चुकी क्या निगाह-ए-अहले नज़र
कहाँ वो जलवागरी, अब कहाँ वो अश्वागरी
बहुत ख़मोश हैं अब शोरिशें[8] मुहब्बत की
न आरजू न तमन्ना, न काविश-ए-जिगरी[9]
नसीम-ए-सुबह का आलम न पूछ मस्तों से
लरज़ रही है कोई मौज-ए-बादा-ए-सहरी[10]
फ़रेब-ए-सब्र मिटा वरना कर चुका है जुनूँ
हज़ार जामादरी सद हज़ार बख़ियागरी
भुला दिया है जिसे तूने ऐ तग़ाफुल-ए-यार
वो ताबा के रहे ममनून-ए-शान-ए-कमनज़री

---

1. हाव-भाव 2. पलक की नोंक 3. रवानगी, विदाई 4. संसार 5. प्रातःकालीन तारा 6. पलक झपकते ही, एकदम 7. शरारती मुस्कराहट 8. अशांति, कोलाहल 9. हार्दिक प्रयास 10. प्रातःकालीन वायु

वो क्या करे के ज़माना ख़राब है हमदम
वजूद-ए-इश्क़ की तसलीम उस को बेज़ररी[11]

ग़र्ज़ है सिजदा-ए-पैहम[12] से मिट रहें वरना
कहाँ यह ख़ाक, कहाँ हम, कहाँ यह दर्द-ए-सरी

सुनाने वाले अभी तक सुनाये जाते हैं
फ़साना-ए-ग़म-ए-हस्ती की उफ़ री बेअसरी

हिजाब-ए-नाज़[13] है, साज-ए-नवा-ए-मातम-ए-इश्क़[14]
के अब है कौन करे हुस्न की जो पर्दादरी

वही है राज़-ए-जहाँ भी, जहान-ए-राज़ भी है
कमाल-ए-होश है यह या कमाल-ए-बेख़बरी

फ़िज़ाये सुबह की बेदारियाँ कोई देखे
ख़मोशियों में है लरज़ाँ तरन्नुम-ए-सहरी

बहार गुंचा-ब-गुंचा चमन में आती है
क़दम-क़दम पे छलकता है रंग-ए-फ़ितनागुंरी

सुनाने वाले यह नग़मा यूँ ही सुनाये जा
है साज़-ए-गुमशुदगी आज मेरी बेख़बरी

जो इस तरह तुझे देखा, यह क्या किया मैंने
यही सही के मुहब्बत है फ़ितरत-ए-बशरी[15]

बस आज बज़्म में साक़ी तू यूँ ही देखे जा
निसार-ए-मस्तनिगाही, निसार-ए-बेख़बरी

निगाह-ए-यार मैं उस काविश-ए-निहाँ[16] के निसार
दिखा रहा है यह नश्तर-ए-कमाल-ए-चारागरी

बक़द्र-ए-ज़ौक़[17] फ़ना नीस्ती हर एक को मिली
फ़रेब होश ख़िर्द को, जुनूँ को बेख़बरी

तेरी नज़र के तबस्सुम से इश्क़ अरज़ाँ[18] है
के इस फ़िज़ाँ में हैं यह भी सदाएँ दर्दभरी

सुना है और कुछ अब अहले दिल का आलम है
वो ज़ौम-ए-होश न अब वो जुनून-ए-बेख़बरी

---

11. निरर्थक 12. लगातार झुकना, निरन्तर झुकना 13. पर्दार प्रेयसी की लज्जा या संकोच 14. दुख व प्यार की आवाज़ 15. व्यक्ति की प्रकृति, स्वभाव 16. छुपा प्रयास 17. आनन्द के योग्य, अनुसार 18. सस्ता प्रेम

सितारे डूब चले पौ फटी कहाँ तक अब
यह दर्द-ए-दिल, यह तड़पना महगिरया-ए-सहरी[19]
ठहर फ़िराक़ के इस दौर में नहीं जायज़
यह बेखुदी, यह सरासीमगी, यह बेख़बरी

सन् 1935 ई.

19. प्रातः काल का विलाप, रोना

जवानामर्ग छोटे भाई का नौहा

सन् 1922 में जब असहयोग आंदोलन के जुर्म की सज़ा मैं अंग्रेज़ों की क़ैद में काट रहा था। इक्कीस-बाईस वर्ष की आयु में मेरे छोटे भाई के मरने का दुःखद समाचार मिला। मृतक को टी.बी. थी और उन्हें बीमार छोड़कर मैं जेल गया था। यह अशआर हो तो गए थे उसी समय, लेकिन सन् 1935 में इन पर पुनर्विचार हुआ। —**'फ़िराक़'**

घाट पर जलने-जलाने के हैं सामाँ हाय-हाय
किस क़द्र ख़ामोश है शहर-ए-ख़मोशाँ हाय-हाय
मिटती जाती है उफ़क़[1] से सुर्ख़ी-ए-रंग शफ़क[2]
बढ़ता जाता है स्वाद-ए-शाम-ए-ज़िन्दाँ[3] हाय-हाय
वो सुकूत-ए-ग़म वो एक हंगामा बे-शोरोशर
याद आके कुछ वो उठना दर्द-ए-हिजराँ[4] हाय-हाय
एक सन्नाटे का आलम है दरो-दीवार पर
शाम-ए-ज़िन्दाँ अब हुई तो शाम-ए-ज़िन्दाँ हाय-हाय
यह चमकते दर्द, यह जुल्मत, यह दिल उमड़े हुए
यह छलकते जाम यह बज़्म-ए-चिराग़ाँ हाय-हाय
अब कहाँ हैं खून रोने वाले मेरे दर्द पर
ख़ाक में मिल जाने वाले लाला काराँ हाय-हाय
निज़ाअ[5] में देखा था वो चेहरा उतरते अहले दिल
उस शकिस्त-ए-रंग[6] के आईना दाराँ हाय-हाय
उफ़ बगूलों का यह आलम बाढ़े सर सर[7] का यह ज़ोश
खाक उड़ाता है तेरे ग़म में बयाबाँ[8] हाय-हाय

---

1. आकाश 2. लालिमा, उषा 3. क़ैद, कारावास 4. वियोग का दर्द 5. वैमनस्य, कलह, अनबन 6. टूटा हुआ 7. गर्म हवा, लू 8. जंगल रेतीला

मरने वाले याद आती है जवाँमर्गी तेरी
उठ गया दिल में लिये तू दिल के अरमाँ हाय-हाय
याद आयेंगी किसी शोरीदा[9] सर की वहशतें
देख कर गुलकारि-ए-दीवार-ए-ज़िन्दाँ हाय-हाय
सोने वाले ख़ाक वीरानों में उड़ती है तेरी
बादे सर सर है तेरी गेहवारा-ए-जुम्बाँ[10] हाय-हाय
यह घड़ी भी आई और जीता हूँ मैं हिर्मांनसीब[11]
छूटता है हाथ से दामान-ए-जानाँ हाय-हाय
नश्तर-ए-ग़म[12] उजलते जज़्ब-ए-निहाँ[13] की दाद दे
कर लिया तुझ को भी पैवस्त-ए-रग-ए-जाँ हाय-हाय
मेरी क़िस्मत में तुझे काँधा भी देना जब न था
दिल ने यों बाँधा था तुझ से अहदो पैमाँ हाय-हाय
अलविदा ऐ ज़ोर-ए-बाज़ू प्यारे भाई अलफ़िराक़[14]
अब तो मैं हूँ और तेरे दाग़-ए-हिज़राँ हाय-हाय
क़ैद में जी खोल के रोना भी मुश्किल हो गया
अब मैं समझा माअनी-ए-तंगी-ए-ज़िन्दाँ हाय-हाय
आह ! यह आदाब-ए-ज़िन्दाँ यह शआर-ए-ज़ब्त-ए-ग़म
यह वफ़ूर-ए-दर्द[15] यह हाल-ए-परीशाँ हाय-हाय
अपने मरने पर मेरा रोना था तुझको गवार
इतना कब था मुझको पास-ए-अहल-ए-ज़िन्दाँ हाय-हाय
शर्म आती है मुझे जीने से तुझ को खो के आह !
इस तरह करना न था तुझ को पशेमाँ[16] हाय-हाय
क़ैद में भी पर्दादारी ग़म की मुश्किल हो गई
खुल गया राज़-ए-दरो-दीवार-ए-ज़िन्दाँ हाय-हाय
घर को मैं क्या मुँह दिखाऊँगा रिहा[17] होकर फ़िराक़
मैं असीर[18] और उनके यह हाल-ए-परेशाँ हाय-हाय

सन् 1936 ई.

---

9. अशांति 10. हिलता हुआ स्थान 11. निराश-हताश, 12. दुख का काँटा 13. छुपा हुआ, आत्मसात 14. विरह, वियोग 15. दर्द का आधिक्य 16. लज्जित, पश्चात्ताप 17. मुक्त 18. बन्दी

हम लोग

(1)

एक आलम पे बार[1] हैं हम लोग
किसके दिल का गुबार[2] हैं हम लोग
शोअला-ए-बेक़रार हैं हम लोग
सरबसर इश्क़-ए-यार हैं हम लोग
आफ़त-ए-रोज़गार हैं हम लोग
काबिल-ए-गीर[3]दार हैं हम लोग
ख़ोरा ख़ोरा[4] दीदा-ए-खुरशीद
इस तरह आशकार[5] हैं हम लोग
हम न मोहूम[6] हैं न फ़ानी[7] हैं
मा'नी-ए-रोज़गार हैं हम लोग
दर्द-ए-हस्ती चमक गया हमसे
असर-ए-हिजर-ए-यार हैं हम लोग
पस्तियों[8] को उभारना है हमें
वर्ना गरदूँ[9] शिकार हैं हम लोग
नज़्म-ए-आलम है हमसे डाँवाडोल
गर्दिश-ए-रोज़गार[10] हैं हम लोग
ख़त-ए-साहिल[11] नज़र का धोखा है !
बेकराँ बेकिनार हैं हम लोग
रिफ़अतें आब-ओ-गिल[12] में पिन्हाँ हैं
हाँ फ़लक इक़्तेदार हैं हम लोग
रहबर-ए-कारवाने आलम हैं
दीदा-ए-रोज़गार हैं हम लोग
जिसपे ठहरे न बर्क़-ओ-महर[13] की आँख
उसके आईनादार हैं हम लोग
सद फ़ना सद बक़ा[14] की हैं तसवीर
आलम-ए-इन्तेज़ार हैं हम लोग
शोरिशें हैं सुकून-ए-बे पायाँ[15]
इस तरह बेक़रार हैं हम लोग
हम में मुज़मिर[16] है इर्तिक़ा-ए-वजूद[17]
मक़सद-ए-रोज़गार हैं हम लोग
मसदरे-कायनात है हस्ती
मालिक-ए-रोज़गार हैं हम लोग
हम को देखे जिसे हो ताब[18]-ए-नज़र
जलवा-ए-बेक़रार हैं हम लोग
सैल ओ बाराँ[19] से जोश-ए-तूफ़ाँ से
न बुझे, वो शरार[20] हैं हम लोग
बाग़-ए-जन्नत को रश्क है जिन पर
वो दिल-ए-दाग़दार हैं हम लोग

---

1. भार 2. धूल 3. योग्य 4. चौंधियाना 5. प्रकट 6. काल्पनिक, मिथ्या 7. नश्वर 8. पिछड़े हुए 9. गगन, आकाश 10. रोज़गार की परेशानी 11. किनारे की रेखा 12. संसार 13. सूर्य की बिजली 14. जीवन 15. अत्यधिक 16. मूरत 17. अस्तित्व की उत्पत्ति 18. दृष्टि में शक्ति, क्षमता-दृष्टि 19. वर्षा का प्रवाह 20. चिनगारी

हमें हल कर सकी अज़ल[21] न अबद[22] मुश्किल-ए-रोज़गार हैं हम लोग
बुझ के ज़ोहराबा-ए-हवादिस[23] में खंजर-ए-आबदार[24] हैं हम लोग
गो हैं बेगाना-ए-विसाल-ओ-फ़िराक[25] कुश्ता-ए-इन्तेज़ार[26] हैं हम लोग
हम से शादाबियाँ हयात की हैं चश्म-ए-खूँ नाबा बार[27] हैं हम लोग
हम से रंगीनियाँ हैं आलम की शोख़ी-ए-हुस्न-ए-यार हैं हम लोग
जो उलट दे निज़ाम-ए-आलम को वोह ग़म-ए-ताज़ाकार हैं हम लोग
हम जो चूकें तो हश्र बरपा हो ग़फ़लत-ए-रोज़गार हैं हम लोग
दम ब दम पै ब पै असर ब असर तेज़तर आशकार[28] हैं हम लोग
हम खुद आगाहियों के हैं अंजाम राज-ए-मंसूर-ओदार[29] हैं हम लोग
रिज़्मगाह[30] में हैं जलवा-ए-शमशीर[31] ताबदार आबदार हैं हम लोग
अपनी ख़ार अशगाफ़ियों[32] की क़सम नाज़-ए-सदकार ज़ार[33] हैं हम लोग
हमने खाया नहीं फ़रेब-न-शकिस्त[34] फ़ातेहकारज़ार हैं हम लोग
उबल उठीं जवानियाँ हम से शोरिश-ए-रोज़गार हैं हम लोग
दिल हैं आईना-ए-ग़म-ए-फ़र्दा[35] नाब-ए-दीदार[36]-ए-यार हैं हम लोग
ज़र्रा-ज़र्रा निज़ाम-ए-शमसी[36] है ख़ाक-ए-गरदूँ बक़ार हैं हम लोग
हम में ख़्वाबीदा सुबह-ए-महशर[37] है दिल-ए-शब ज़िन्दादार हैं हम लोग
हम से है गर्म सीना-ए-हस्ती वो भड़कते शरार हैं हम लोग
हम हैं बेताबियों में कैफ़-ए-सुकूँ राहत-ए-बेक़रार हैं हम लोग
पासबान-ए-बहार-ए-मुस्तक़बिल बरसरे ख़ार ज़ार हैं हम लोग
हर नफ़स है विसाल-ए-मौका पयाम वो ग़म-ए-इन्तिज़ार हैं हम लोग
मिस्ल-ए-नश्तर उतरते जाते हैं दिल-ए-हस्ती फ़िगार हैं हम लोग
हमने रग-रग में बिजलियाँ भर दीं निगह-ए-बेक़रार हैं हम लोग
हमसे फूटी शुआए-सुबह-ए-हयात मतला-ए-रोज़गार हैं हम लोग
हमीं गेहवारा-ए-तमद्दुन हैं गर्दिश-ए-रोज़गार हैं हम लोग
हम न हों तो गिरे नज़र से जहाँ दीदा-ए-एतबार हैं हम लोग
जब्र क्या ? एक लफ़्ज़ बेमाअनी[38] साहिब-ए-इख़्तियार हैं हम लोग
वहम-ए-बातिल हमारी ज़द में न आ देख यज़दाँ शिकार हैं हम लोग
हमने तोड़ी हर एक क़ैद-ए-हयात कितने बेइख़्तियार हैं हम लोग

21. अनादि काल 22. अनंत काल 23. विषैली घटनाएँ 24. चमकीला हथियार 25. मिलन-वियोग 26. हत्या की प्रतीक्षा 27. विशुद्ध 28. व्यक्त, प्रकट 29. विजेता 30. रंगभूमि, युद्धक्षेत्र 31. तलवार का चमत्कार 32. अशुद्धियों 33. युद्ध 34. टूटा हुआ धोखा 35. आगामी दुःख 36. सौर मण्डल 37. प्रलय स्थान, कोलाहल 38. निरर्थक

अपनी हर बात एक मुक़ाम से है — खो के भी होशियार हैं हम लोग
ऐ दिल-ए-बे नियाज़ खू किसके — ग़म-ए-बेगानावार हैं हम लोग
ज़िसमें तारों को नींद आ जाये — वो शब-ए-इन्तिज़ार हैं हम लोग
रुक गये कारवान-ए-खू अफ़लाक[39] — किस क़द्र बेक़रार हैं हम लोग
गफ़्लतें पासबाँ हैं जिस जा — उस जगह होशियार हैं हम लोग
हममें पिन्हाँ हैं लाख राज़-ए-नमू[40] — पर्दादार-ए-बहार हैं हमं लोग
हम में पैबस्त लाख नोक-ए-ख़लिश — दिल-ए-मस्ती में ख़ार हैं हम लोग
हाँ हम पर तो टूटती है बहार — गुल नहीं नोक-ए-ख़ार हैं हम लोग
तुझ को मालूम ही नहीं नादाँ — किस चमन की बहार हैं हम लोग
किसकी बर्क़-ए-जमाल-ए-रंगीं की — शोख़ी-ए-बेक़रार हैं हम लोग
लुट के भी हममें कुछ कमी न हुई — दौलत-ए-रोज़गार हैं हम लोग
हैं हमीं पर्दादार-ए-ख़ौफ़-ए-खिज़ाँ — ऐतबार-ए-बहार हैं हम लोग
कैफ़-दर-कैफ़ कश्फ़-अन्दर-कश्फ़ — नर्गिस-ए-पुरखुमार हैं हम लोग
जिन पे होशियारियाँ हुई कुरबाँ — ऐसे ग़फ़लत शुआर हैं हम लोग
हमने फ़र्दा[41] को कर दिया इमरोज़[42] — फ़ित्ना-ए-रोज़गार हैं हम लोग
हम नमूदार भी हैं पिन्हाँ भी — अश्वा-ए-शोख़-ए-यार हैं हम लोग
हम से वाकिफ़ नहीं हैं मस्ती-ओ-होश — गर्दिश-ए-चश्म-ए-यार हैं हम लोग
पूछ मत इन्तिहा-ए-जज़्ब-ए-निहाँ — कशिश-ए-बे-किनार हैं हम लोग
इन्तिहा बेक़रारियों की न पूछ — सबफ़ना, बरक़रार हैं हम लोग
उठते ही छा गये हैं आलम पर — गरचे मुश्त-ए-गुबार[43] हैं हम लोग
रश्क-ए-बाग़-ए-जिनाँ हैं वो सेहरा — जिन के ग़र्द-ओ-गुबार हैं हम लोग
हैं गिरेबाँ में लाखों सुबहा-ए-वतन — वो ग़रीबुलदयार हैं हम लोग
भर रहे हैं मुशाम-ए-हस्ती[44] को — मौजे बाद-ए-बहार हैं हम लोग
न खुला आज तक यह किस गुल की — खुशबू-ए-बेक़रार हैं हम लोग
फ़ख़्रे हस्ती हैं इश्क़ रुसवा हैं — हुस्न के पर्दादार हैं हम लोग
हम से राअनाइयाँ हयात की हैं — रंगो बू-ए-निगार हैं हम लोग
हम से बदमस्तियाँ हयात की हैं — लग़ज़िश-ए-वायेयार हैं हम लोग
रिन्द-ओ-ज़ाहिद हमें समझ न सके — मस्ती-ए-चश्मे यार हैं हम लोग
हम हैं खून-ए-वफ़ा शहीदों के — यादगार-ए-बहार हैं हम लोग

---

39. स्वभाव 40. रहस्य का विकास 41. आनेवाला कल 42. बीता हुआ कल 43. मुट्ठी-भर खाक 44. मानसिकता, अस्तित्व

दामन-ए-वक़्त हमं से गुलगूँ[45] है ज़ीनत-ए-रोज़गार हैं हम लोग
रश्क-ए-सदहोश है वो गुमशुदगी जिसके सरमायादार हैं हम लोग
आह ! यह दर्द और जोश-ए-निशात कितने ग़म दोस्तदार हैं हम लोग
राज़ कोनेन हममें बसते हैं उजड़े दिल के दयार हैं हम लोग
उफ़ यह ख़्वाब-एगिराँ यह बेदारी राज़-ए-लैल-ओ-नहार हैं हम लोग
कभी रहमत कभी हैं कुहरो ग़ज़ब जलवा-ए-नूर-ओ-नार हैं हम लोग
ला मकाँ में भी जो समा न सके वो ग़म बेशुमार हैं हम लोग
जो दबे थे अज़ल के सीने में वो भड़कते शरार हैं हम लोग
हाँ क़सम है झपकती आँखों की जलवागर आशकार हैं हम लोग
जो फ़रिश्तों को भी नसीब नहीं वो ग़म-ए-रोज़गार हैं हम लोग
पर्दा-ए-शाम-ए-ज़िन्दगानी हैं सुबह तक तार-तार हैं हम लोग
है अमीन-ए-पयाम-ए-बेदारी साज़-ए-सुबह-ए-बहार हैं हम लोग
नाराज़न सुबह-ए-इन्क़िलाब के हैं पिछले से होशियार हैं हम लोग
ख़िर्मन-ए-मिल्लत-ए-कुहन[46] होशियार बर्क़-ए-बेइख़्तियार हैं हम लोग
दिल-ए-हस्ती गुदाज़ है हम से गिरया[47]-ए-ज़ार ज़ार हैं हम लोग
बढ़ते जाते हैं चढ़ते जाते हैं सैले तूफ़ाँ[48] शुआर हैं हम लोग
भूल कर सब कुछ ऐ ग़म-ए-दुनिया देख तुझ पर निसार हैं हम लोग
हमने सब कुछ लुटा दिया तुझ पर क़ाबिल-ए-यादगार हैं हम लोग
हमने खाया नहीं फ़रेब-ए-सुकूँ[49] जानकर बेक़रार हैं हम लोग
उफ़ ! वह अन्देशा-ए-फ़लक पैमाँ जिनके दारोमदार हैं हम लोग
क्या फ़ना पाये उन जहानों को जिनके परवरदिगार हैं हम लोग
नाखुदा हैं अज़ल के बेड़े के दिल-ए-तूफ़ाँ फ़िगार हैं हम लोग
जाग उट्ठी हयात-ए-ख़्वाबीदा नाला-ए-बेक़रार हैं हम लोग
बर्क़-ए-आवाज़ है दो आलमसोज़ नारा-ए-शोअलाबार हैं हम लोग
ज़िन्दाबाद इन्क़िलाब ज़िन्दाबाद सरबकफ़ हैं निसार हैं हम लोग
असर-ए-दर्द-ए-ज़िन्दगी से फ़िराक़ बेखुद-ओ-बेक़रार हैं हम लोग

यानी सुबह-ए-अज़ल से अपने लिए
हमा तन इन्तिज़ार हैं हम लोग

सन् 1936 ई.

---

45. चालाक घोड़े की तरह 46. बूढ़ी, वृद्ध सृष्टि का अम्बार 47. फूट-फूटकर विलाप करना 48. तूफान का प्रवाह 49. विश्राम का धोखा

हम लोग
(2)

लहू में डूबी ज़बाँ[1] ख़ार ज़ार[2] हैं हम लोग
जो सर बसर है ख़िज़ाँ वो बहार हैं हम लोग
तग़ाफुल-ए-निगह-ए-नाज़-ए-यार हैं हम लोग
बला कुशान-ए-ग़म[3] इन्तिज़ार हैं हम लोग
कोई समझ न सके कोई बेख़बर न रहे
कुछ ऐसी मसलहतकर दिगार हैं हम लोग
ज़ फ़र्क़[4] ताब क़दम बिजलियों में डूबे हुए
निगाह-ए-शोख़ तेरे बेक़रार हैं हम लोग
न करीब से हमें मतलब ग़रज़ न दूरी से
न जाने क्यों हमातन[5] इन्तिज़ार हैं हम लोग
हमीं से आँख लड़ी हुस्न की हमीं से झुकी
वो कुश्ता-ए-निगाह[6]-ए-शर्मसार हैं हम लोग
तमाम खून-ए-जिगर हैं तमाम ज़ख़्म निहाँ
यह किस बहार के आईनादार हैं हम लोग
हर एक नफ़स में निहाँ सोज़-ओ-साज-ए-बज़्म-ए-मजाज़[7]
दिल-ए-तपाँ, शमअ-बेक़रार हैं हम लोग
हमीं हैं दामन-ए-दश्त-ए-जुनूँ में गिरया-ए-शाम[8]
चमन में ख़न्दा-ए-सुबह[9] बहार हैं हम लोग
अरे यह खोने का आलम अरे यह शिद्दत-ए-होश

---

1. जीभ 2. काँटो का जंगल 3. बिना बलपूर्वक 4. अंतर से 5. पूर्णतया 6. निगाह की चोट 7. नकली सभा 8. विलाप 9. हँसती सुबह

यह किस निगह के सरमायादार हैं हम लोग
हर एक हमारी अदा है पयाम-ए-ख्वाब-ए-अदम[10]
उरूस-ए-मर्ग[11]के बोस-ओ-किनार हैं हम लोग
हमीं हैं मेहरो मुहब्बत हमीं हैं क़हरो ग़ज़ब
के सर बसर असर-ए-नूर-ओ नार[12] हैं हम लोग
तमाम बर्क़ नशेमन तमाम आतिश-ए-गुल
चमन में शोंला-ए-सूरतहज़ार हैं हम लोग
उठो-उठो के वोह ज़जीर-ए-शाम-ए-ग़म दूरी
सदाए-नग़मा-ए-सुबह-ए-बहार हैं हम लोग
सवाद-ए-शाम[13] हैं पैराहने[14]-ए-शब-ए-ग़म हैं
वो पौ फटी के इधर तार-तार हैं हम लोग
हमीं से लर्ज़ा बरअन्दाम[15] है निज़ाम-ए-जहाँ
के फ़ित्ना खुद क़यामतशुआर हैं हम लोग
शजर हजर[16] के उड़ाने को शम्मे क़ातिल[17] हैं
बुझे हुए तीर-ए-आबदार हैं हम लोग
हमीं से मौज-ए-हवादिस का दिल लरज़ता है
सवार-ए-किश्ती-ए-तूफ़ाँ फ़िगार हैं हम लोग
फिरी न पीठ कभी रज़्मगाह[18]-ए-हस्ती में
के शान-ओ-नाज़िश-ए-सदकार ज़ार हैं हम लोग
फ़रेब हश्र आफ़ताब महशर के
जहाँ में जलवा-मिसफ़ुलनिहार[19] हैं हम लोग
हमारी जलवागरी में भी शान-ए-सहरा है
बहार-ए-गुलशन-ए-बेबर्ग-ओ-बार[20] हैं हम लोग
जहाँ फ़सुर्दा[21] हुए नब्ज़-ए-क़ायनात छुटी
फ़रेब-ए-दह्र[22] तेरे एतबार हैं हम लोग
हैं राज़दार-ए-ग़मकार वान-ए-नु अफ़लाक[23]
शकिस्त-ए-रंग-ए-रुख़े रोज़गार हैं हम लोग
चले अज़ल से तो रुकने का नाम तक न लिया
वो नश्तर-ए-दिल-ए-हस्ती फ़िगार हैं हम लोग

---

10. नश्वर सपना 11. मरी हुई दुल्हन 12. आग 13. संध्या की लालिमा 14. वस्त्र 15. भयभीत 16. पेड़-पौधे 17. कुल्हाड़ा 18. रंगभूमि 19. दोपहर 20. फूल-फल 21. फटा-पुराना 22. धोखेबाज़ 23. नया आकाश

हैं महर-ओ-माह की आँखों में भी समाये हुए
यही नहीं है के मुश्त-ए-गुबार हैं हम लोग
हमारे ज़ेर-ए-नगीं हैं बुलन्दी-ओ-पस्ती
कमीन-ए-अर्ज़'ओ-फ़लक इक़्तेदार हैं हम लोग
हज़ार बाद-ए-मुख़ालिफ़[24] हज़ार तूफ़ाँ से
न बुझ सकें वो भड़कते शरार हैं हम लोग
यह तमाम साज़-ए-ख़मोशी तमाम हंगामा
अमीन-ए-जलवा-ए-मंसूर-ओ-दार[25] हैं हम लोग
तमाम शहर-ए-ख़मोशाँ तमाम जोश-ए-हयात
सदाए-सूर तेरे पर्दादार हैं हम लोग
जिसे सुकून-ए-अबद भी तरस गया है फ़िराक़
वो साज़-ए-ग़म वो दिल-ए-बेक़रार हैं हम लोग

सन् 1936 ई.

---

24. विपरीत हवा 25. विजयी

बे उनवान की
एक नातमाम नज़्म

कर दिया चढ़ती नदियों को सराब[1]
ऐ ग़म-ए-इन्क़िलाब-ए-ख़ाना ख़राब

मुजातलज़ल[2] तमाम नज़्म-ए-कुहन[3]
दौर-ए-इमरोज़[4] एक परेशाँ ख़्वाब

अब हुदमी ख़्वानियों[5] के दिन न रहे
और हैं अहले कारवाँ के ख़िताब

आज अहले जहाँ में काम की बात
न तो शिकवा न शिकवे का है जवाब

सर बसर बर बिनाये देहरियत
होंगे क़ायम समाज के आदाब

दीन-ओ-मज़हब की नज़्म फर्सूदा
मिल्लत-ए-नौ की ला सकेगी न ताब

ख़ूने सरमायादार से होगा
सर बसर गुलशन-ए-जहाँ शादाब

अहले सरवत की मौत से होगा
अहले आलम पे वाहयात का बाब

अहदे हाज़िर की बिदअतों पर जब
होगी इन्सानियत की चश्म-ए-इताब

क़ुव्वतें दौलत-ओ-हुकूमत की
उन निगाहों की ला सकेंगी न ताब

दौलत और ख़ानदान के आईन[6]
कुन्बा और जायदाद के आदाब

मज़हबी, क़ौमियत, मलूकियत
दीनी मिल्लत, हिज़ाज़ियत[7] हैं नक़ाब

बुज़दिली, हिर्स,[8] आज़,[9] खुदग़र्ज़ी[10]
जिस के अन्दर यह सब हैं रूबा हिजाब[11]

अज़मियत[12] थी जिसने दुनिया में
कुफ़्रो ईमाँ का करके पाक हिसाब

जाम-ए-इन्सानियत से भी सरशार
सबके बस का नहीं यह जौहर-ए-नाव[13]

खुशा-ए-चीं[14] उन के लाख हों हुशियार
ऐसे पैदा कहाँ हैं मस्त-ओ-ख़्वाब

वो उख़वत वो सोज़-ओ-साज़-ए-हयात
वो मुसावात वो दिल-ए-बेताब

शान-ए-जम्हूरियत, शराफ़त-ए-नफ़्स
दिल के आईन अक़्ल के आदाब

---

1. धोखा, मरीचिका 2. काँपता हुआ 3. वृद्ध व्यवस्था 4. बीता हुआ समय 5. सेवाभाव 6. संविधान 7. हिजाज़ के निवासी 8. लोभ 9. लालच, लिप्सा 10. स्वार्थ 11. पर्दे में 12. मूँगी 13. विशुद्ध चमत्कार 14. लाभ उठाने वाला

वो गुदाज़ जिगर, वो रिक्कत-ए-कल्ब[15] जिससे है किश्त-ए-आरजू[16] सीराब[17]
जिससे नख़्ल-ए-हयात[18] बार आवर जिस से तहज़ीब का चमन शादाब
अपनी मिल्लत में सब यह हैं नापेद दीनी मिल्लत में सब यह हैं नायाब[19]
यूँ नहीं ढूँढ़ते नई दुनिया
यूँ नहीं देखते हैं खुल्द के ख़्वाब[20]

15. मन का पतलापन 16. अभिलाषा की खेती 17. सींची हुई, हरी-भरी 18. हरा-भरा जीवन 19. अप्राप्य 20. स्वर्ग के सपने

कारवाँ

निहाँ[1] हैं जन्नतें दिल में क़यामत के जवाँ हम हैं
जिसे दुनिया समझती है हयात-ए-जाविदाँ[2] हम हैं
अमीन-ए-रंगो बू[3] हैं जाने जान-ए-गुलिस्ताँ हम हैं
ज़माना जिसको कहता है बहार-ए-बे ख़िज़ाँ हम हैं
ज़मीं हैं आसमाँ हैं दहर[4] हम हैं लामकाँ हम हैं
जहाँ जाओ, जिधर देखो निहाँ हम हैं अयाँ[5] हम हैं
अजल[6] के हमनफ़स हैं ज़िन्दगी के राज़दाँ हम हैं
बराबर जो बदलता जाये वो रंग-ए-जहाँ हम हैं
अज़ल से गर्म रक्खा है हमीं ने सीना-ए-हस्ती
दिलों में इज़्तराब[7]-ए-सोज़-ए-ग़महाए निहाँ हम हैं
यह सब सोज़-ओ-गुदाज़-ओ-रौनक़-ए-महफ़िल हमीं से है
के शमअे अंजुमन परवाना-ए-आतिशबजाँ हम हैं
यह बेताबी यह बर्बादी नहीं बेमसलहत वर्ना
हर एक ज़र्रा है मंज़िल वो गुबार-ए-कारवाँ[8] हम हैं
हमीं से मिल्लतें उभरीं हमीं से इन्क़िलाब आये
ज़मीं की मंज़िलें हैं गर्दिश-ए-हफ़्त आसमाँ हम हैं
भरी हैं सीने में चिनगारियाँ जोश-ए-निहानी से
सितारे जिसकी छीटें हैं वो दरियाए रवाँ हम हैं
करोड़ों सुबह नौ आग़ोश में ग़ल्ताँ व पेचाँ[9] हैं
ज़माने में सवाद-ए-शाम के उठते धुआँ हम हैं

---

1. गुप्त 2. जीवन की निरंतरता 3. संसार 4. जगत 5. प्रकट 6. नश्वर 7. व्याकुलता 8. धूल के बगूले
9. जटिल व दुराचार

नहीं उठते हैं जब तक नज़्म-ए-हस्ती भी जभी तक है
फ़ना में और बक़ा में हैं जो पर्दा दर्रामयाँ हम हैं
हमारी बेखुदी है पर्दा दार-ए-दौर-ए-मुस्तक़बिल
जहाँ की रिज़्म गह में क़िस्मतों के राज़दाँ हम हैं
ग़ज़ब यह ख़ामुशी है, क़हर यह हंगामा आराई
हर इक मौज-ए-नफ़स इक हश्र है वो बेज़बाँ हम हैं
ज़माना हो गया साक़ी के मस्ती है न हुशियारी
अब इसका ज़िक्र ही क्या, कौन हैं क्या हैं कहाँ हम हैं
उतरते जा रहे हैं दर्द-ए-हस्ती बढ़ता जाता है
मिसाल-ए-नश्तर-ए-ग़म क़ल्ब-ए-इंसाँ में रवाँ हम हैं
कभी आँखें हरीफ़ों[10] की बराबर हो नहीं सकतीं
झपकती ही नहीं जो वो निगाहे जाँ सिताँ[11] हम हैं
यह एक अदना[12] करिश्मा है हमारे नाला-ए-दिल का
जिसे कहते हैं बर्क़-ए-जलवा हुस्न-ए-बुताँ[13] हम हैं
हमीं में आके अक्सर खो गये हैं हुस्न के जलवे
सरे राह-ए-मुहब्बत का रवाँदर कारवाँ हम हैं
जिसे मिटना नहीं आया जिसे घटना नहीं आया
वही सरमाया-ए-रंगीनी-ए-बाग़-ए-जहाँ हम हैं
सुबुक[14] सारान-ए-साहिल[15] मौज के बल पर उछलते थे
मनायें ख़ैरियत अपनी के बहर-ए-बेकराँ हम हैं
उभरते हैं जो अहले दौलत व सरवत उभरने दे
उड़ा दें ठोकरों से उनके सर वो आसमाँ हम हैं
हमीं है ख़न्दा-ए-गुल[16] मुस्कराहट भी है गुंचों की
चमन था मुन्तज़िर जिसका वो बर्क़-ए-आशियाँ हम हैं
उगलती है ज़मीं लाअल-ओ-जवाहर की तरह हम को
जबीन-ए-चर्ख़ पर जो कौंदती हैं बिजलियाँ हम हैं
निगाह-ए-करम की चिनगारियाँ धोखा न दें तुझको
जिसे रोना नहीं आया वो चश्म-ए-ख़ूँ चकाँ[17] हम हैं

---

10. शत्रु, प्रतिद्वन्द्वी 11. दुष्ट, जानलेवा, अत्याचारी 12. छोटा, तुच्छ 13. सौंदर्य की प्रतिमा 14. तुच्छ, अपमानित 15. किनारा 16. हँसते फूल 17. जिससे खून टपकता हो

न पाया जिस को दोज़ख ने वो क़ैफ़-ए-सोज़-ए-पिन्हाँ हैं
जिसे जन्नत तरसती है वो दर्द ए-शादमाँ हम हैं
न जाने क्या समझ रक्खा है हमको अहले दौलत ने
दो आलम बिक चुके हैं जिस पे वो जिन्स-ए-गिराँ हम हैं
हमीं हैं जान-ए-आबादी हमीं हैं शान-ए-बर्बादी
ज़मीं हम हैं ज़मीं पर, आसमाँ पर आसमाँ हम हैं
गिरें जो टूटकर तो ख़ाक कर दें ख़िरमन-ए-हस्ती[18]
जो दुनिया में लगा दे आग वो बर्क-ए-तपाँ हम हैं
यह है मौज-ए-फ़ना या ग़फ़लतें हैं सुनने वालों की
पयाम-ए-मर्ग़ है जो सर बसर वो दास्ताँ हम हैं
न वो गर्दिश ज़मीं की है न वो रंग आसमानों का
फ़िज़ा - ए - आलम-ए-ईजाद के बदले समाँ हम हैं
नज़र में कामयाबी कामरानो की नहीं जँचती
जहाँ को रश्क है जिस पर वो सई-ए-रॉयगाँ हम हैं
किसी से किस तरह कहिए के खुद हम पर नहीं खुलता
हयात-ए-जाविदाँ[19] हम हैं के मर्ग-ए-नागहाँ[20] हम हैं
ऐ गुलचीं[21] से पूछो, यह दिल-ए-सय्याद[22] से पूछो
गुलिस्ताँ की ख़िज़ाँ हैं या बहार-ए-बेख़िज़ाँ हम हैं
उलट देते हैं तदबीरें पलट देते हैं तक़दीरें
मफ़र[23] जिससे नहीं वो इन्किलाब-ए-बेअमाँ हम हैं
मिटा देंगे हर इक मज़हब हर इक तबक़ा हर इक फ़िरक़ा
यक़ीं जानों वही ईमाँ शिकन पैमान-ए-जाँ हम हैं
जो खुद मुर्दा हैं वो मर्दों के वारिस हो नहीं सकते
भरी दुनिया में नामूस-ए-कुहन[24] के पासबाँ[25] हम हैं
हमारे दम क़दम से है यह सब हंगामा-ए-मस्ती
यह किसने कह दिया तुझ से के बे नामो-निशाँ हम हैं
हमारा फ़ातिहाना क़ब्ज़ा होगा अब हुकूमत पर
जो उठकर दिन-दहाड़े लूट ले वो कारवाँ हम हैं
कमर में ज़ोर कस बल बाजू में है आग सीने में
ब वक़्त-ए-रिज़्म आराई बलाये नागहाँ हम हैं

18. अस्तित्व की ऊँचाई 19. सदा रहनेवाला जीवन 20. अचानक मृत्यु 21. माली, फूल तोड़नेवाला 22. दिल के शिकारी 23. छुटकारा, युक्ति 24. पुरानी या पूर्वज स्त्रियों के 25. संरक्षक

मिटाने वाले मिट जाते हैं मौजों के थपेड़ों से
तलातुम ख़ेज़ी-ए-बहर-ए-हयात बेकराँ हम हैं
रगें सख़्ती की ढीली पड़ गयी हैं खींचकर हम को
न जोज़ा[26] हो सकी दस्त-ए-सितम से वो कमाँ हम हैं
सरे मैदाँ झपक जाती हैं आँखें जिससे दुश्मन की
वही बर्क़-ए-फ़ना, तीर-ओ-सुनाँ, तेग़-ए-रवाँ हम हैं
ज़माने ने अभी वो हश्र सामानी नहीं देखी
ज़मीं गरदूँ[27] से टकरा जायेगी वो आँधियाँ हम हैं
जो हैं अहले हुकूमत, अहले सरवत,[28] अहले सरमाया[29]
मिटा देंगे उन्हें हम मालिक-ए-कौन-औ-मकाँ हम हैं
रगों में बिजलियाँ दिल में तड़प सीनों में अंगारे
हयात-ए-शो'ला सामाँ इज़्तराब-ए-जाविदाँ हम हैं
हर आवाज़-ए-जरस[30] पर आ मिलेंगे काफ़िले वाले
तुझे माअलूम भी है कारवाँ-दर-कारवाँ हम हैं
सितारों की भी आँखें सुनते-सुनते लग गयीं आख़िर
फ़साना-दर-फ़साना दास्ताँ-दर-दास्ताँ हम हैं
यह गर्मी-ए-बर्क़-ए-ऐमन[31] में न ख़ुर्शीद-ए-क़यामत में
अरे किन बेक़रारों के शरार-ए-सोज़-ए-जाँ हम हैं
ख़बर तुझको नहीं ग़ाफ़िल वो दुनिया रश्क-ए-जन्नत है
गुज़र पैगम्बरों का भी नहीं मुमकिन वहाँ हम हैं
अज़ल से चश्म-ए-अंजुम मुन्तज़िर थी जिसकी दुनिया में
इस बेदारी-ए-नौअ-ए-बशर की दास्ताँ हम हैं
हमीं पर अब निगाहे मुज़्तरिब[32] उठती है आलम की
के इस बेचैन दुनिया के लिए दारुलअमाँ[33] हम हैं
फ़िराक़ अक्सर उड़ाया तार तार-ओ-नेक-ओ-बद जिसने
वही शोरीदासर,[34] वारफ़्ता[35] दिल, आशुफ़्ता[36] जाँ हम हैं

सन् 1937 ई.

---

26. टूटना 27. गगन, आकाश 28. धनवान 29. पूँजीवादी 30. घण्टे की आवाज़ 31. सुरक्षित बिजली, शुभ बिजली 32. व्याकुल दृष्टि 33. ठिकाना 34. अशांत, 35. तितर-बितर, बदहवास, खिन्न 36. अचेत, बेसुध, मुग्ध, मोहित

ऐ साक़ी !

हयात-ए-नो सी जो पाते हैं लोग ऐ साक़ी
यह कौन दर्द उठाते हैं लोग ऐ साक़ी
जहाँ को भूलते जाते हैं लोग ऐ साक़ी
यह कब का हाल सुनाते हैं लोग ऐ साक़ी
तेरे गुलाम की अब शोहरतें हैं दुनिया में
क़रीब-ओ-दूर से आते हैं लोग ऐ साक़ी
यह दौर-ए-जाम, यह ग़मख़ाना-ए-जहाँ, यह रात
कहाँ चिराग़ जलाते हैं लोग ऐ साक़ी
निसार-ए-मस्त निगाही सँभाल महफ़िल को
के बे ख़बर हुए जाते हैं लोग ऐ साक़ी
सुना है दैर-ओ-हरम[1] की भी महफ़िलें हैं कहीं
वहाँ भी पीते-पिलाते हैं लोग ऐ साक़ी
तो क्या तू महफ़िल-ए-रिन्दाँ में ग़ैर है कोई
जो तुझ से हाल छुपाते हैं लोग ऐ साक़ी
है एक शोअला-ए-बेनाम और पर्दा-ए-दिल
कहाँ यह आँच दबाते हैं लोग ऐ साक़ी
दिलों में बन्द क्या है वो बहर-ए-बे साहिल[2]
के डूबते चले जाते हैं लोग ऐ साक़ी
पुकारना तेरे मस्त-ए-अज़ल को ठीक नहीं
यह किसको होश में लाते हैं ऐ साक़ी
यह महर-ओ-माह[3] भी तहलील[4] होते जाते हैं
तेरा अफ़साना सुनाते हैं लोग ऐ साक़ी

---

1. शिवालय, बुतख़ाना 2. तटविहीन समुद्र 3. चाँद-सूरज 4. विलय

यह बर्क़ देख, यह बाराँ,[5] एक आग-सी दिल में
यूँ ही लगाते-बुझाते हैं लोग ऐ साक़ी
ज़माँ मकाँ को है लर्ज़िश के साग़रों में यहाँ
शराब ढालते जाते हैं लोग ऐ साक़ी
कुछ और गुम हुए जाते हैं तेरे मतवाले
के राह पर उन्हें लाते हैं लोग ऐ साक़ी
तू अपनी चश्म-ए-मुरव्वत का अक्स जाम में देख
यूँ ही दिलों में समाते हैं लोग ऐ साक़ी
जहाँ हयात-ओ-अजल एक हैं उसी को यहाँ
तेरा मुक़ाम बताते हैं लोग ऐ साक़ी
तेरा ही गुन है जहान-ए-ख़राब[6] में जिस को
अजीब दर्द से गाते हैं लोग ऐ साक़ी
नहीं के सख़्ती-ए-मंज़िल से हार दें हिम्मत
तुझे सराहते जाते हैं लोग ऐ साक़ी
मिटा-मिटा के बनाते हैं लोग दुनिया को
बना-बना के मिटाते हैं लोग ऐ साक़ी
जो चौंक उठते हैं आवाज़-ए-बाज़गश्त[7] से आज
न जाने किस को जगाते हैं लोग ऐ साक़ी
बस एक बार लड़ी थी निगाह मस्तों की
अभी तक आँख चुराते हैं लोग एक साक़ी
सुना तो है कि तेरे मैकदे में रस्म-ए-कुहन[8]
अभी निबाहते जाते हैं लोग ऐ साक़ी
दिलों में आग है और सुबह का धुँधलका है
शराबख़ाने से जाते हैं लोग ऐ साक़ी
क़दम हैं पड़ते कहीं और कहीं निगाह-ए-फ़िराक़
उसे कहाँ लिये जाते हैं लोग ऐ साक़ी

सन् 1938 ई.

---

5. वर्षा 6. बेकार दुनिया 7. प्रतिध्वनि 8. पुरानी परंपरा

क़समें

नज़र उठा तुझे दुनिया-ए-आरज़ू की क़सम
अदाये कोशिश-ए-इख़फ़ा[1]-ए-रंगो बू की क़सम
जहान-ए-वहम-ओ-गुमाँ भी है गोश बर आवाज़[2]
क़सम क़सम तेरे ऐजाज़-ए-गुफ्तुगू की क़सम
वही ही आँख जौहर-ए-जुंबिश-ए-निगाह से दे
सुरूर-ए-बादा-ए-बे जाम-ओ-बे सुबू की क़सम
तुझी से ज़ब्त की सब मंज़िलें चमक उट्ठीं
टपक सका न जो आँखों से उस लहू की क़सम
सुकून से नहीं मानूस बेनियाज़ी-ए-इश्क़
सदाये दर-ब-दर व ख़ाक-ए-कू-ब-कू[3] की क़सम
है मॉवराये हयात[4] व ममात हस्ती-ए-इश्क़[5]
जहान-ए-यास[6] में तजदीद-ए-आरज़ू[7] की क़सम
मुहाल[8]-ए-अर्ज़-ए-तमन्ना कहाँ तेरे आगे
सुकूत-ए-इश्क़ के इल्ज़ाम-ए-दू-ब-दू की क़सम
शहीद-ए-तिश्नालबी[9] हो फ़िशार-ए-पिन्हाँ[10] हों
कमाल-ए-ख़स्तगी-ए-हाय किनार-ए-जू की क़सम
मैं शाद काम-ए-मुहब्बत में ना उम्मीद-ए-सुकूँ
शहूद[11] में भी मुझे तेरी जुस्तजू[12] की क़सम
मुझे भी आज के रोने के बाद मत कहना
हयात-ए-इश्क़ तेरी जाती आबरू[13] की क़सम

1. गुप्त प्रयास 2. कान की ध्वनि पर 3. गली-गली, कूचा-कूचा 4. जीवन पर 5. अस्तित्व की मृत्यु 6. निराश जगत 7. अभिलाषा की पुनरावृत्ति 8. कठिन 9. प्यास 10. गोपनीय दबाव 11. उपस्थित होना 12. खोजं, तलाश 13. मान, मर्यादा, सतीत्व

लिये थे तूने जो क़ौल-ओ-क़रार-ए-सब्र-ए-सुकूँ
वो याद ही नहीं इश्क़-ए-बहा नजू[14] की क़सम
नवेद-ए-जोश-ए-जुनूँ है बहार-ए-लाला-ओ-गुल
फ़िज़ाये मस्त में कैफ़ियत-ए-नमू की क़सम
तमाम कहने की बातें हैं, होश-ओ-बेख़बरी
सुकूत-ए-शब की क़सम उस फ़िज़ा-ए-हू की क़सम
दम-ए-विदा वो असरार-ए-ज़ब्त-ए-ग़म तेरा
वो झिलमिलाती हुई शम्मे आरजू की क़सम
फ़िराक़ ऐन ग़शी में भी चौंक उठता है
फ़ुसून-ए-नर्गिस[15]-ए-बीमार-ओ-फ़ितना ख़ूं की क़सम

सन् 1938 ई.

14. नदी, नहर 15. नर्गिस का जादू

मो'जिज़े

मुक़द्दरात[1] के टुकड़े उड़ा दिये मैंने
हिजाब[2] ग़फ़लत-ए-इंसाँ[3] उठा दिये मैंने
मिटा दिये कभी जुल्मात-ए-दहर[4] और कभी
चिराग़-ए-शमस-ओ-क़मर भी बुझा दिये मैंने
तमाम सोज़-ए-निहाँ है फ़सुर्दगी[5] है तमाम
हयात-ओ-मौत के अजज़ा[6] मिला दिये मैंने
शिकेब-ए-इश्क़[7] को देकर किया है ख़ूने जिगर
सुकून-ए-क़ल्ब भी ताब आज़मा दिये मैंने
कहाँ यह गर्दिश-ओ-ताबिश[8] कहाँ जमूद-ए-सिपहर[9]
नसीब-ए-ख़फ़्ता-ए-दौराँ जगा दिये मैंने
क़ुसूर-ए-खुल्द-ए-बरीं[10] को हुई जिला[11] जिन से
वो ख़ाक को असर-ए-कीमिया दिये मैंने
न पूछ जलवों को मेरे मेरी बहार न पूछ
नज़र से तूर-ओ-इरम भी गिरा दिये मैंने
बिनाये कार-ए-मुहब्बत बिगाड़कर सब कुछ
नसीब फोड़ दिये दिल बढ़ा दिये मैंने
तमाम आईनाख़ाना तमाम बर्क़-ए-जमाल
हिजाब-ए-सूरत-ओ-माअना उठा दिये मैंने

---

1. भाग्य 2. पर्दा, ओट 3. व्यक्ति की लापरवाही 4. समय के अंधकार 5. खिन्नता, अप्रसन्नता, उदासीनता 6. तत्त्व, कण, भाग, अंश 7. प्रेम-धैर्य 8. गर्मी, धूप, 9. जमा हुआ आकाश 10. आकाश 11. आभा, चमक-दमक

मिले जमान-ओ-मकान को न राज-ए-दस्त-ए-जुनूँ
लुट के तख़्ता-ए-हस्ती दिखा दिये मैंने

जफ़ा सरिश्त[12] ज़माने में जिन को कहते हैं
वो दिल भी इश्क़ के ग़म से बसा दिये मैंने

ख़बर भी गर्दिश-ए-अय्याम की न थी जिन को
उन्हें भी वक़्त-ए-क़यामत नुमा दिये मैंने

निगाह-ए-हुस्न की कैफ़ीयतें खुलीं जिन पर
निशात भी उन्हें ग़म आशना दिये मैंने

दिये हैं उनमें भी अहले जहाँ को दर्स-ए-सुकूँ[13]
तड़पने में जो ज़माने गँवा दिये मैंने

मैं वो नहीं के रहूँ नाशिनास[14]-ए-जज़्ब-ए-निहाँ[15]
उभरते दाग़-ए-मुहब्बत मिटा दिये मैंने

ज़मीं से असर-ए-ज़ब्त-ए-इज़्तराब[16] न पूछ
फ़लक के कँगरे अक्सर हिला दिये मैंने

न अब वो होश का आलम न बेखुदी के वह रंग
कहाँ के दर्द दिलों में दबा दिये मैंने

तमाम जोश-ए-जुनूँ है तमाम ज़िन्दाँ है
अदम वजूद[17] के डाण्डे मिला दिये मैंने

ज़मीं से ताबा फ़लक जिससे ज़लज़ले आये
उस इन्क़िलाब के डंके बजा दिये मैंने

दिलों को अब नहीं फ़िरदौस-ए-गुमशुदा[18] की तलाश
वो नश्तर-ए-ग़म-ए-फ़र्दा[19] चला दिये मैंने

रंगों में ताबा क़यामत उतरते जायेंगे
ख़दंग-ए-इश्क़[20] के जौहर दिखा दिये मैंने

यह गुल खिले के फ़िज़ाँओं में पड़ गये रख़ने
कहाँ-कहाँ से यह दामन उड़ा दिये मैंने

तमाम सोज़-ओ-ख़लिश है यह कारवान-ए-बहार
गुलों की राह में काँटे बिछा दिये मैंने

बशर की उम्र-ए-दोरोज़ा के राज़ हाय सुकूँ
कशाकश-ए-अबदी से मिला दिये मैंने

---

12. अत्याचारी सृष्टि या प्रकृति 13. अमन का पाठ 14. अपरिचित 15. गुप्त भाव 16. व्याकुलता 17. अस्तित्व विहीन 18. खोया स्वर्ग 19. आगामी दुःख 20. प्रेम के तीर

सब उसके नाम से कानों पे हाथ धरते थे
जिस इन्क़िलाब के डंके बजा दिये मैंने

फ़िराक़ काम मेरा पर्दा-ए-मिजाज़ में देख
हक़ीक़तों के ख़ज़ानें लुटा दिये मैंने

सन् 1938 ई.

सुख़नहाए गुफ़्तुनी -ओ-ना गुफ़्तुनी

पूछ न जीने वालों का हाल
एक जान लाखों जंजाल[1]

देखियो इस बाज़ी का माल हुस्न की शह है इश्क़ की चाल
गिरती दुनिया ले जो सँभाल है कोई माई का लाल
आज तो उसने पूछा हाल अहले ग़म के बड़े इक़बाल
कौन है अस्ल और कौन मिसाल हुस्न-ओ-इश्क़ में फ़र्क़ मुहाल[2]
बातों-बातों में पूछ ले हाल आज दिलों का चोर निकाल
इश्क़ को अब पाना है मुहाल हम भी तुझ से चल गये चाल
क्या है जवाब और क्या था सवाल उसी डाल है फिर बेताल
मुल्क-ए-बक़ा[3] का छोड़ ख़याल मौत के घर में डेरे डाल
बातिल-ओ-ह़क़ का जवाब मुहाल तेरी मिसाल न मेरी मिसाल
कल था इश्क़ का क़हत रिजाल[4] आज पड़ा है हुस्न का काल
हुस्न ये इश्क़ का जादू डाल काफ़िर को साँचे में ढाल
चकाचौंध का पूछ न हाल कौंद रही है बर्क़-ए-जमाल
मदभरी आँखें अल्हड़ चाल ओ मतवाले होश सँभाल
पूछ न उसके हुस्न का हाल दिल का शहेब[5] और जी का वबाल
दूर की कौड़ी लाई वो आँख नियत पाना उस की मुहाल
इश्क़ में ग़ाफ़िल आँख तो खोल एक सपना है हिज्र-ओ-विसाल[6]

---

1. मुसीबत, कष्ट 2. कठिन 3. देश की सुरक्षा 4. भले व्यक्तियों का अभाव 5. सन्तोष, धैर्य 6. वियोग-संयोग

दिल को आँखों आँखों में तोल   इश्क़ को बातों बातों में टाल
दिल की धड़कन दे न सुनाई   इतना कान में तेल न डाल
मौत भी निकली है मुँह फेर   इश्क़ है आज बहुत बेहाल
हुस्न के रुख़ पर बढ़ने वाले   मात न दे तुझ को यह चाल
जो भी लगे हों इश्क़ के भाव   दाम के दाम बिका यह माल
तीन क़दम में तीनों लोक   इश्क़ की नाप का पूछ न हाल
कोह-ए-तूर था एक ठोकर का   इश्क़ की ऊबड़-खाबड़ चाल
अहले हविस[7] को मोल न ले   गिराँ पड़ेगा कच्चा माल
लोहा लोहे से कटता है   इश्क़ को आ ही गया जलाल
उम्र-ए-जाविदाँ तुझ पे निसार   मौत की आँख में आँख तो डाल
हुस्न से लड़ ले झगड़ ले आज   कल को यह भी होना मुहाल
ऐन हक़ीक़त जलवा-ए-रुख़   ज़ुल्फ़ के हल्क़े मायाजाल
जान और ईमाँ हुस्न का मोल   चोखी क़ीमत चोखा माल
उसकी एक निगाह में हैं   मुस्तक़बिल और माज़ी-ओ-हाल
याद नहीं यह भी के तेरी   कैसी थी सूरत क्या ख़तो-ख़ाल[8]
हम भी तो अपने न रहे   किस को परखते आपत् काल
घोड़े बेच के सोये हैं   पस्माँदो[9] का पूछ न हाल
गिरे तो इश्क़ है चकनाचूर   बाद चढ़ाई के है वो ढाल
सुन के शहादत-ए-इश्क़ का ज़िक्र   अहले हविस को भी आया हाल
इश्क से हुस्न, वफ़ा क्या करता   पहले चुम्मा काटा गाल
एक दुनिया में सन्नाटा है   अब गुस्से पर पानी डाल
अहले हविस ने हड़पना चाहा   तुझको समझ के चिकना माल
मुँह से निकल गई एक बात   इतना दिल में कर न मलाल
हुस्न का क़ौल यह तूने सुना है ?   अपना वही जो सब का हाल
दबा दबा-सा दर्द उठता है   माह-ब-माह के साल-ब-साल
हम शायद अच्छा ही बताते   तूने पूछा तो होता हाल
वास्ता तेरी मस्ती का   खुद भी सँभल मुझ को भी सँभाल
अब अपने अंजाम को सोच   मेरा मिटना तो है मुहाल
कल था बे सरो-सामाँ इश्क़   आज तो हुस्न भी है कंगाल
जिसकी लाठी उसकी भैंस   यह दुनिया है उसकी मिसाल

---

7. लोभी 8. हाव-भाव, रेखाचित्र 9. पिछड़े

मारे घुटना फूटे आँख । हुस्न की ज़द का पूछ न हाल
फ़र्क़-ए-वफ़ा-ओ-जफ़ा मत पूछ । कौन निकाले बाल की खाल
ठहरे-ठहरे आँसू देख । गिरते-गिरते खुद को सँभाल
ऐसी सबुक रफ़्तारी[10] आह । कर न दो आलम को पामाल[11]
दर्द की दौलत बे पायाँ[12] है । इश्क़ को कर दे मालामाल
आज उस की बेख़बरी से । पूछ ले दुनिया-भर का हाल
छोड़ मुहब्बत का खटराग । उसका पाना अमर मुहाल
हैरत में है तग़ाफ़ुल[13] भी । आज कहाँ है तेरा ख़याल
एक ही आलम एक ही वक़्त । इश्क़ की उम्र में माह न साल
जिस का हो सकता हो जवाब । नादान वो भी है कोई सवाल
जाम-ए-शबाब छलक ही गया । आ ही गया उस मय[14] में उबाल
साफ़ जबीं पर डाल न बल । देख आईने में आये न बाल
आँख बराबर कौन करे । किसकी हिम्मत किसकी मजाल
बनना है तो मिटना सीख । छोड़ यह बहस-ए-कमाल-ओ-ज़वाल[15]
इश्क़ में ढूँढ़ न सब्र-ओ-शकीब[16] । ऐ दिल देख यह रोग न पाल
आज दिखा तलवार के हाथ । अहले वफ़ा को कर दे निहाल[17]
अपनी बुलन्दी-पस्ती देख । क्या आकाश और क्या पाताल
इश्क़ में खा न फ़रेब-ए-शिकस्त[18] । देख अभी हथियार न डाल
माअरकाआराई[19] के निसार[20] । तू भी निढाल और मैं भी निढाल
रोज़ नहीं रूठेगा इश्क़ । आज के काम को कल पे न टाल
घर-घर में अंधेर मचा दे । दुनिया-भर में हलचल डाल
माल-ए-मुफ़्त दिल-ए-बेरहम । अहले हुकूमत का है यह हाल
बैठनेवाले बैठ रहे । चलनेवाले चल गये चाल
क्या है दयार[21]-ए-हुस्न-ए-जहाँ । ग़लती नहीं किसी की दाल
हुस्न से बदज़न[22] एक जहाँ । उल्टी बात और टेढ़ी चाल
मुझ से अहद-ए-वफ़ा मत बाँध । इश्क़ को उस धोखे में न डाल
तल्ख[23] काम तेरे क्या खायें । नीम की पत्ती नीम की छाल
एक बगूला नख़्ल-ए-इश्क़[24] । उस बिरवा के पात न डाल

---

10. धीमी चाल 11. नष्ट 12. अत्यधिक 13. उपेक्षा 14. शराब 15. अवनति 16. संयम एवं धैर्य 17. प्रसन्न 18. हारने का धोखा 19. युद्ध 20. त्याग, बलि, न्यौछावर 21. गाँव 22. रुष्ट 23. कड़वा 24. नया प्रेम, युवा प्रेम ताज़ा प्रेम

जिन्स-ए-हुस्न का मोल न पूछ बाज़ारों में है हड़ताल
कर्ज़ का खाना यूँ ही है जैसे तापे कोई जला के पुवाल
बुझे दिलों में जोश-ए-मुहब्बत जैसे बासी कढ़ी में उबाल
ख़ाक तेरी बर्बाद नहीं इश्क़ में तो कुछ नाम उछाल
क़द है तेरा या फ़ितना-ए-हश्र चाल है तेरी या भूँचाल
देख बदलती दुनिया देख पूछ न इश्क़ के ग़म का मआल[25]
इस पे हक़ीक़त को भी है रश्क़[26] इश्क़ है यूँ तो ख़्वाब-ओ-ख़याल
अहले क़फ़स[27] ने एक मुद्दत[28] में कुछ तो निकाले हैं परो-बाल
रोकर या हँस कर हमने भी देखे बहुत हैं हिज्र-ओ-विसाल
इश्क़ तेरा नाकाम सही उस से भी कुछ काम निकाल
तेरा दवाम[29] तेरी शमशीर[30] मौत के मुँह में लगाम तो डाल
तेरे नक़्श-ए-क़दम पर ग़ैर कौआ चले हंस की चाल
जागता रब सोता संसार किसलिए बजते हैं घड़ियाल
कच्चा पानी आबे हयात पीके उसको न होगा बहाल
मज़हब वाले दौलत वाले दोनों बड़े गुरु घण्टाल
इस दरिया को और न छू इश्क़ के ग़म का पूछ न हॉल
वाये जो तुझ से भी न मिटे ग़म हॉय जो हो यह सूरत-त-हॉल
इश्क़ की गुत्थी उलझी है लेकिन अब इतने भी पेंच न डाल
ग़ैब को वो समझे हैं शहूद[31] अहले नज़र का देख कमाल
ख़िज्र को दे ज़हराबा-ए-इश्क़[32] मुर्दों से है अबतर[33] हाल
बात तेरी बे बात की बात चाल तेरी बेचाल की चाल
एक मुद्दत तक मिटने के बाद हम भी नज़र आते हैं बहाल
दिल में दिल भी पड़ जायेगा पहले आँख में आँख तो डाल
सुर्मा बनादे मुझको लेकिन अब इतना भी पीस न डाल
रफ़्ता-रफ़्ता[34] हुस्न को फाँस धीरे-धीरे डोरे डाल
हुस्न एक पलटी हुई आवाज़ वही जवाब है जो था सवाल
आज यकायक[35] आ जाता है बैठे बिठाये तेरा ख़याल
हर्फ़-ओ-हिकायत तेरी नज़र हो मायनी बात में बात निकाल
उसकी सच्चाई की फ़िक्र न कर अपने दिल से खोट निकाल

---

25. धन 26. ईर्ष्या 27. फँसे हुए 28. अवधि 29. निरन्तरता 30. तलवार 31. उपस्थित होना 32. विषैला प्रेम 33. बुरा 34. धीरे-धीरे 35. अचानक

उड़ता रंग और खुलता रंग दो के दोनों ख़्वाब-ओ-ख़्याल
मौत का दे पैग़ाम और लूट दौलत-ओ-सरवत जाह[36]-ओ-जलाल
सोच के कुछ मजबूर है वर्ना इश्क़ को और हिम्मत का काल
बोलती सूरत चुप की दाद हँसती सूरत ग़म की मिसाल
मुद्दत से जीना है हराम इश्क़ बुरे ही पड़ा है ख़याल
हुस्न से रख न उम्मीद-ए-वफ़ा आस्तीन में साँप न पाल
आज उसकी मस्त आँख को देख आज हराम को कर ले हलाल
रोते हैं तुझसे होकर साफ़ आज कहाँ हैं दिल के मलाल
इश्क़ में हँसते-रोते फ़िराक़
गुज़रे कितने माह-ओ-साल

सन् 1940 ई.

---

36. घनाढ्य

आज दुनिया पे रात भारी है

इन्क़िलाब-ए-जहाँ की बारी है
आसमानों पे खौफ़ तारी है
आप से डर रही है ये दुनिया
ये भी किन आफ़तों की मारी है
ये जनाज़ा है अहद-ए-माज़ी का
वो नये दौर की सवारी है
नींद आती नहीं सितारों को
आज दुनिया पे रात भारी है
गर्दिशें बंद हैं ज़माने की
बेक़रारी-सी बेक़रारी है
यूँ ही मजरूह[1] था ये नज़्म-ए-जहाँ
पर लगा अब कि ज़ख़्म कारी है
देख शान-ए-जमाल-ए-शाहिद-ए-वक़्त[2]
बेहिजाबी[3] न पर्दा दारी है
सबको करना है इन्क़िलाब इक रोज़
आज हम, कल तुम्हारी बारी है
हस्ती-ओ-नेस्ती[4] नुमा की क़सम
ज़िंदगी ज़िंदगी से आरी[5] है
डर रहे हैं शिकस्त-ए-दुश्मन से
लड़ने वालों की वज़्अदारी[5]

---

1. घायल 2. समय के प्रेमी के सौंदर्य का वैभव 3. संकोचहीनता 4. अस्तित्व और अनस्तित्व 5. उदारता, गहराई

सामराज अब है अपनी परछाईं
अब वजूद उसका ऐतबारी है
अपनी मजबूरियों का है जिन्हें इल्म
हर अमल उनका इख़्तियारी[6] है
सुलह को हार बैठे जीत के जंग
वाह क्या मुद्दआ बर आरी है
शोख़ कितनी है मौत की ये सदा[7]
ज़िंदगी आज किसको प्यारी है
"बात पर वाँ ज़बान कटती है"
फिर भी अपना फ़साना जारी है
हम से लड़ती है मौत की आँखें
अपनी ऐसों ही से तो यारी है
मिट चला इम्तियाज़-ए-रंज-ओ-निशात[8]
वाह क्या शान-ए-ग़म गुसारी[9] है
कामरानी[10] भी निकली नाकामी
ज़िंदगी क़िस्मतों की मारी है
अब ये दुनिया है अहल-ए-दुनिया की
न हमारी, न वो तुम्हारी है
जिसको सरमाएदारी कहते हैं
बाज़ियाँ जीत कर वो हारी है
मौत से खेलते हैं हम उश्शाक़[11]
ज़िंदगी है तो बस हमारी है
चमन-ए-दौलत-ओ-हुकूमत की
खून-ए-मुफ़लिस से आबयारी है
ज़िंदगी पा रही है ये दुनिया
हम फ़क़ीरों का फ़ैज़[12] जारी है
याद रख शोरिश-ए-ज़माना[13] पर
इश्क़ की एक रात भारी है
दौर-ए-इस्लाह[14] ख़त्म अब तो 'फ़िराक़'
इन्क़िलाब-ए-जहाँ की बारी है

---

6. ऐच्छिक 7. आवाज़ 8. सुख और दुःख का भेद 9. दुःख बाँटने वाले की शान 10. सफलता 11. आशिक़ का बहुवचन 12. कल्याण, हित 13. समय के उपद्रव 14. सुधार का युग

तारीख़ अपने आप को दोहरा रही है आज

दुनिया को इन्क़िलाब की याद आ रही है आज
तारीख़ अपने आप को दोहरा रही है आज
वो सर उठाये मौज-ए-फना[1] आ रही है आज
मौज-ए-हयात मौत से टकरा रही है आज
कानों में ज़लज़लों की धमक आ रही है आज
हर चीज़ कायनात भी थर्रा रही है आज
झपका रही है देर से आँखें हवा-ए-दहर[2]
कौन-ओ-मकाँ को नींद-सी कुछ आ रही है आज
हर लफ्ज़ के मानी व मतलब बदल चले
हर बात और बात हुई जा रही है आज
अक्सर जहान-ए-हुस्न भी बदला हुआ-सा है
दुनिया-ए-इश्क़ और नज़र आ रही है आज
हर हर शकिस्त-ए-साज़[3] में सद[4] लहन-ए-सरमदी[5]
या ज़िन्दगी के गीत अजल[6] गा रही है आज
या ज़िन्दगी-ए-दहर थी सौगंध मौत की
या मौत ज़िन्दगी की क़सम खा रही है आज
यह दामन-ए-अजल है के तहरीक़-ए-ग़ैब है
क्या शै हवा-एं दहर को संका रही है आज
अबना-ए-दहर लेते हैं यूँ साँस गर्म-ओ-तेज़
जीने में जैसे देर हुई जा रही है आज

---

1. विनाश की लहर या तरंग 2. वक़्त की हवा 3. हार का सामान 4. रात 5. सदैव रहने वाला मधुरस्वर, रसीली आवाज़ 6. मौत

इफ़्लाक[7] की जबीं[8] भी शिकन-दर-शिकन-सी है
तेवरी ज़मीन की भी पढ़ी जा रही है आज

फिर छेड़ती है मौत हयात-ए-फ़ुसुर्दा[9] को
फिर आतिश-ए-ख़मोश को उकसा रही है आज

बरहम-सा कुछ मिज़ाज-ए-अनासिर है इन दिनों
और कुछ तबियत अपनी भी घबरा रही है आज

एक मौज-ए-दूद सीने में लरज़ाँ है इस तरह
नागिन-सी जैसे शीशे में लहरा रही है आज

बीते जुगों की छाँव है इमरोज़[10] पर 'फ़िराक'
हर चीज़ एक फ़साना हुई जा रही है आज

सन् 1941 ई.

7. आकाश 8. मस्तक 9. खिन्न जीवन, उदास जीवन, अप्रसन्न जीवन 10. बीता हुआ कल

ज़िन्दगी की ललकार

आओ और सब्र-ओ-सुकूँ की सूरतों को छीन लो
आज मुझसे मेरे दिल की राहतों को छीन लो
कुछ इरादे भी तो चमकें क्या क़ज़ा और क्या क़द्र
बल-ए-मुस्तक़बिल[1] से अपनी क़िस्मतों को छीन लो
ज़िन्दगी को क्यों बना रक्खा है एक ज़िन्दान-ए-तंग[2]
इस क़ज़ा उस बहर-ओ-बर[3] की वुसअतों को छीन लो
थराथरा उट्ठीं सिरे से आतिश-ओ-बाद[4], आब-ओ-खाक[5]
उनसरों[6] से बिजलियों की कुव्वतों[7] को छीन लो
देखना फिर किस तरह मिलती है वो काफ़िर निगाह
ख़्वाब आलूद अँखड़ियों से ग़फ़लतों को छीन लो
देखना काशाना-ए-इंसाँ के बाम-ओ-दर की शान
अहल-ए-दुनिया आसमाँ की रिफ़अतों[8] को छीन लो
बढ़ के धावा बोल दो खुल जायेंगे गंज-ए-निहाँ[9]
बत्न-ए-गीती[10] में दफ़ाना-दौलतों को छीन लो
जुल्मते[11] आफ़ाक[12] की हो जायें गर्द-ए-कारवाँ
बर्क़[13] की और रोशनी की सुरअतों[14] को छीन लो
बज़्म-ए-इसाँ को सजाने के लिए तारों को भी
महफ़िल-ए-आरास्ता की ज़मीनों को छीन लो

---

1. भविष्य का पेट 2. सख़्त क़ैद, सख़्त कारावास 3. भूमि-सागर 4. अग्नि व जल 5. जल व मिट्टी 6. मूल, तत्त्व, अंशों 7. शक्तियों 8. ऊँचाइयों 9. छिपा ख़ज़ाना 10. दुनिया की कोख 11. अन्धकार 12. आकाश 13. बिजली 14. शीघ्रता, फुर्ती

उसका खिंचना उसका मिलना उसके बस में क्यों रहे
हुस्न की सब दूरियों सब कुर्बतों[15] को छीन लो
और गुलचीं[16] बर तरफ़ इतना गिलों से डर भी क्या
उनके रंगों और उनकी निक़हतों को छीन लो
देख लें सर्वे रवाँ[17] भी इश्क़ की मस्ताना चाल
सरकशों से आज उनके क़ामतों को छीन लो
अच्छी आँखोंवाले रम करते हैं खू-ओ-दिल की तरफ़
उन निरालों से अब उनकी वहशतों को छीन लो
ऐसी शै छीनो के मेरे पास कुछ भी न रह जाये
मेरे दिल से भी मेरी हसरतों को छीन लो
शे'र में कुछ रस नहीं आवाज़ में कुछ जस नहीं
साज़-ए-फ़ितरत की हयात अफ़ज़ा[18] गतों को छीन लो
राह खोटी कर रही है मंज़िल-ए-दैरीं की याद
ज़िन्दगी से ज़िन्दगी की रुजअतों[19] को छीन लो
जीते मुर्दे देर तक मर्दों के वारिस रह चुके
उनसे अब अहले सल्फ़[20] की तुरबतों[21] को छीन लो
ज़िन्दगी और मौत से ऐ अहले दिल कुछ ले मरो
ज़िन्दगी और मौत की सब बरकतों को छीन लो
कर दो एक बज़्म-ए-चिराग़ाँ शामे हिजराँ को फ़िराक़
कारवाँ-दर-कारवाँ उन ज़ुल्मतों को छीन लो

—सन् 1942 ई.

15. सामीप्य, निकटता 16. माली का अत्याचार 17. सरदार 18. जीवनवर्धक, वृद्धि 19. वापसी 20. पूर्वज 21. क़ब्रों, समाधियों

मजाज़ बनाम हक़ीक़त

रुबाई

खलकत[1] को सँवार दे इबादत क्या है
दुनिया का शबाब आये जन्नत क्या है
हाँ मैंक़दा-ए-जहाँ का ज़र्रा-ज़र्रा
सरशार-ए-मजाज़[2] हो हक़ीक़त क्या है

हकीक़तें भी हैं कुछ दिन को मेज़बान-ए-मजाज़
न रुक सका किसी मंज़िल ये कारवान-ए-मजाज़
उसी की एक दबी आँच आतिश-ए-दोजख[1]
बहिश्त[2]-ए-बुए[2] परेशान-ए-गुलिस्तान-ए-मजाज़
'खुदा' व 'रूह' फ़क़त माद्दे की एक झलक
तमाम मज़हब-ओ-मिल्लत बस एक शान-ए-मजाज़
उलस गया तो तसव्वुफ़ की इस्तलाहो[2] में
यह कुछ नहीं बजुज़[3] एक शरह[4] -ए-दास्तान-ए-मजाज़
अदम[5] से दूर हक़ीकत की सरहदों से परे
मिले हैं अहले नज़र को कई निशान-ए-मजाज़
तू 'बारगाह-ए-इलाही' जिसे समझता है
उस आसमान से ऊँचा है आसमान-ए-मजाज़
उन्हीं में देख ले रूतुल क़ुद्स[6] का खो जाना
हज़ार आलमे हैरत हैं दर मियान-ए-मजाज़

---

1. रुबाई सृष्टि 2. भौतिक तृप्ति

1. नरक की आग 2. स्वर्ग, परिभाषाओं में 3. सिवाय 4. कुन्जी 5. यमलोक, हीनता 6. पवित्र आत्मा

जहाँ भर में है फ़र्ज़ी हक़ीक़तों की धूम
बहुत ही कम हैं ज़माने में क़द्रदान-ए-मजाज़
जिन्हें है लफ़्ज़परस्ती से काम दुनिया में
समझ में ऐसों की आयेगी क्या ज़बान-ए-मजाज़
सुना है गोश बर आवाज़[7] अहल-ए-ग़ैब भी थे
बयान-ए-राज़ भी निकला मगर बयान-ए-मिजाज़
उसी से उभरे दो आलम उसी में डूब चले
न पूछ जज़र-ओ-मिदे[8] बहर बे करान-ए-मजाज़
हक़ीक़तों की हक़ीक़त खुली ज़माने पर,
हक़ीक़तों पे भी हैं आज सद[9] गुमान-ए-मजाज़
तू कुश्ता-ए-ग़म[10] -ए-मज़हब है तुझ को क्या मालूम
के अहले राज़ हैं ऐ दोस्त शादमान-ए-मजाज़
तेरी निगाह में रुहानियों को जो हो मक़ाम
बहुत बुलन्द हैं ऐसों से कुश्तगान-ए-मजाज़[11]
समझ रहा है जिन असरार[12] को तू ग़ैबुल ग़ैब-ए-राज़[13]
उन्हें भी पाये हुए हैं यह बेख़ुदान-ए-मजाज़
यही बहुत है के उन को हो कुछ ख़बर अपनी
मशिय्यतें[14] न कभी होंगी राज़दान-ए-मजाज़
तेरे तो नारा-ए-मज़हब से कान बजते हैं
सुकूत अर्ज़-ओ-समाँ का है तर्जुमान-ए-मजाज़
जो आज़माने चले ख़ुद को आज़मा बैठे
यह रंग हो तो करे कौन इम्तिहाने मजाज़
बड़े थे ज़ोर मगर चूर हो गई रग-रग पर
हक़ीक़तों से न ज़िह[15] हो सकी कमान-ए-मजाज़
किसी ने अर्श[16] उसे समझा किसी ने जलवा-ए-हक़
कुछ उड़ गई थी यूँ ही गर्द-ए-ख़ाकदान-ए-मजाज़
सितारे शाम-ए-अबद[17] के भी सो गये जिस में
वो रात काट चुके हैं बिलाकुशान-ए-मजाज़[18]

---

7. कान लगाये 8. ज्वार-भाटा 9. रात 10. दुख की चोट 11. भौतिक दुख 12. छिपा हुआ, गुप्त 13. लौकिक गुप्त, राज़ 14. स्वेच्छा, स्वैच्छिक 15. कमान का चिल्ला 16. आकाश 17. अनंत शाम, कभी समाप्त न होनेवाली शाम 18. अवास्तविक, कष्टदायक

उन्हीं की मौत से सबने नया जनम पाया
के ज़िन्दा कर गये दुनिया को कुश्तगान-ए-मजाज़
फिराक़ जिसकी पलक आज तक नहीं झपकी
अज़ल से ताबा अबद[19] है वो पासवान[20]-ए-मजाज़

सन् 1942 ई.

---

19. अनादि काल से अनन्त काल तक 20. संरक्षक, पहरेदार

तक़दीर-ए-आदम

नसीब-ए-ख़ुफ़्ता[1] के शाने झँझोड़ सकता हूँ
तिलिस्म-ए-ग़फ़लत[2]-ए-कोनेन तोड़ सकता हूँ
न पूछ है मेरी मजबूरियों में न्या कस-बल
मशय्यतों[3] की कलाई मरोड़ सकता हूँ
उबल पड़ीं अभी आबे हयात[4] के चश्में[5]
शरार-ओ-संग[6] को ऐसा निचोड़ सकता हूँ
बहार-ए-फ़स्ले खिज़ाँ हो ख़िज़ाँ हो फ़स्ले बहार
चमन में ऐसे शगूफ़े भी छोड़ सकता हूँ
निग़ाहे ग़ैब. भी जिन तक अभी नहीं पहुँची
उन उँगलियों से वो तारे भी तोड़ सकता हूँ
रवाँ हैं खून-ए-शफ़क[7] सुबह कार-ए-गूँ[8] में मेरी
शब-ए-स्याह की ज़ंजीर तोड़ सकता हूँ
बहुत दिनों तक अलग रह चुके सवाब-ओ-गुनाह
मैं खैर-ओ-शर के मनाज़िल को जोड़ सकता हूँ
है ज़ीरो बम मेरी लय का हरीफ़[9] -ए-ज़र्ब-ए-कलीम[10]
बुलन्द-ओ-सख़्त चट्टानों को फोड़ सकता हूँ
फ़िराक़ देख 'बदलती है मंज़िल-ए-आफ़ाक़
के महर-ओ-माह[11] की मैं बागडोर मोड़ सकता हूँ

सन् 1943 ई.

1.सोया हुआ भाग्य, सुप्त भाग्य 2. गफ़लत का, इन्द्रजाल 3. स्वैच्छिक, स्वेच्छा 4. अमृत 5. झरना सोता 6. चिनगारी एवं पत्थर 7. लाल खून 8. कार्यर्थ 9. विरोधी 10. समक्ष बोलने वाला 11. सूर्य-चंद्रमा

आसार-ए-इन्क़िलाब

दे रहा है अहदे रफ़्ता[1] आज भी अपना निशाँ
आज भी ख़ाकिस्तर-ए-माज़ी[2] से उठता है धुआँ
आज भी तलुओं से मिटा जाता है आँखें आसमाँ
आज भी हैं नक़्श-ए-पा आईना-दार-ए-कहकशाँ[3]
अब गुज़रता है वहाँ से ज़िन्दगी का कारवाँ
मौत की भी जिन फिज़ाओं में निकल आये जबाँ
पीछे छुटती जा रही है मंज़िल-ए-दैर-ओ-हरम
नग़मा-ए-जन्नत में भी है सोज़-ए-याद रफ़्तगाँ[4]
अज़्म-ए-इंसाँ की जबीं[5] पर नज़्म-ए-फ़र्दा[6] की झलक
बज़्म-ए-हाज़िर की निगाह में हसरत-ए-पसमाँदगाँ[7]
उनके चेहरों पर हवाई पर हवाई छूटना
जिनके जिस्मों पर झलकते हैं हरीर-ओ-परनियाँ[8]
पाँव के नीचे ज़मीं लेने लगी है करवटें
आसमाँ लेता है एक मुद्दत के बाद अँगड़ाइयाँ
फिर समंदर की तहों में जाग उट्ठे ज़लज़ले
फिर दिल-ए-कोहसार[9] से आई सदाए उल उमाँ[10]
हश्र भी दामन कुशाँ[11] निकला जहाँ से बारहा
उस फ़िज़ा-ए-आतिशीं में ज़िन्दगी है पुरफ़िशाँ[12]

---

1. वर्तमान काल 2. भूतकाल की ख़ाक अथवा मिट्टी से 3. आकाशगंगा 4. दिवंगत व्यक्तियों का दुःख 5. मस्तक 6. आने वाले कल की संस्कृति 7. पिछड़ेपन की हसरत, जिज्ञासा 8. रेशमी कपड़ों की झलक 9. हृदय रूपी पहाड़ 10. सौ बार शान्ति, कृपा, दया 11. गर्व से चलते हुए 12. सन्तुष्ट

आज दो जुग मिल रहे हैं,-काटती हैं पै ब पै
पास की परछाइयों को दूर की परछाइयाँ
साज़-ए-दिल हर क़तरे का रह-रह के जैसे थरथराये
दीदा[13] हर ज़र्रे की अब बढ़ चलीं गोयाईयाँ[14]
फिर चमक कर दर्द-ए-हस्ती उठ रहा है पै ब पै
कौल-ए-शायर है के दुनिया हो रही है फिर जवाँ
मुस्करा के जिनमें आँखें खोल देती थी बहार
उन हवाओं की भी जैसे चढ़ गई हों त्योरियाँ
जैसे बल खाती हुई लहरें फ़िज़ा में दौड़ जायें
आसमानों की लचक जाती है रह-रह कर कमाँ
देखिये लौ देता जाये कब तक आदम का गुनाह
देखिये उठता है कब तक खून-ए-इंसाँ से धुआँ
शाम ही से फिर शबिस्तान-ए-स्याह[15] काराँ में आज
इश्क़ की तर दामनी है मह चुकानो[16] खुर फिशाँ[17]
जागना-सोना तो नादाँ उम्र-भर का काम है
यह कहाँ भरपूर दिन, भरपूर यह रातें कहाँ
अब भी सुबहें मुस्कराती हैं निशात-ए-इश्क में
अब भी तेरे ग़म की लौ है शमअ महराब-ए-जहाँ
ग़ौर कर तू है यह हस्ती की हक़ीक़त का सुबूत
बहम अन्दर बहम है हस्ती गुमाँ अन्दर गुमाँ[18]
दामन-ए-दिल परदा-ए-सूर-ए-क़यामत[19] बन गया
मौत को भी जीत लेने की हैं अब तैयारियाँ
आदमी से फिर नया होता है पैमान-ए-अज़ल
फिर नई खुशकामियाँ हैं फिर नई ग़मकोशियाँ
चौंक उठी इस तरह चश्म-ए-महर-ओ-माह व मुश्तरी
टूटना है जिस तरह आफाक़ का ख्वाब-ए-गिराँ[20]
आज भी है खाक और खूँ से बना इंसाँ का दिल
आशना-ए-कुहना[21] यज़दाँ[22] अहर-त-मन का राज़दाँ

---

13. आँखें 14. बोलना 15. अन्धकारमय भवन 16. दामन तर होना 17. चाँदनी छिड़कने वाला 18. शान्त
19. भ्रम, सम्भावना 20. प्रलय, आत्मा 21. महँगा सपना 22. वृद्ध परिचित, प्राचीन अथवा पुराने परिचित

इस तरह गुमसुम हैं गुलज़ारे बहार अन्दर बाहर
जैसे गहरे सोच में पड़ जाये हुस्न-ए-शादमाँ
लग गई है सर् बसर पानी के छींटों से भी आग
उड़ गई हैं शबनमी आँखों से भी चिनगारियाँ
अपनी ही गर्मी से आया इश्क़ में एक बाँकपन
अपनी ही नर्मी से घायल हो गया हुस्न-ए-बुताँ[23]
और पलटे लेने वाला है मिज़ाज-ए-इश्क़ अभी
और बदलेगा अभी रंग-ए-निगार-ए-दिलबराँ
ऐ फ़रेब-ए-वस्ल-ओ-हिजराँ[24] अलफिराक़ओ-अलविदा
हुस्न भी परछाइयाँ है इश्क़ भी परछाइयाँ
पड़ रहे हैं दूर तक सीनों में रंगारंग अक्स[25]
सज रही है आईना-दर-आईना बज़्म-ए-जहाँ
नग़मा शायर से मुरझाये गुलिस्ताँ लहलहाये
करती है अमृत की बरखा आज शोअले की जबाँ
नींद मुर्दों की उचट जाती है जिस आवाज़ से
फिर उसी लौ मैं हूँ मैं ए साज़-ए-फ़ितरत[26] नौहाख्वाँ[27]
पा नहीं सकती है जिनकी बाग़-ए-जन्नत भी हवा
चीरती है उन फ़िज़ाओं को भी यह आह-ओ-फ़ुग़ाँ[28]
देखती है बाद-ए-मुद्दत आज फिर इंसानियत
ख़्वाब-ए-मुस्तक़बिल झपक जाती हैं जिनसे बिजलियाँ
इन्क़िलाब-ओ-इन्क़िलाब-ओ-इन्क़िलाब-ओ-इन्क़िलाब
ज़र्रे-ज़र्रे की ज़बाँ पर है नवेद-ए-नागहाँ[29]
अपने झण्डे गाड़ दे इंसानियत इस मोड़ पर
आई वो मंज़िल नहीं है मौत भी अब दरमियाँ
ज़िन्दगी का ज़िन्दगी होना क़यामत है फिराक़
उफ़ यह दर्द-ए-बेनिहायत यह निशात-ए-बेकराँ

सन् 1943 ई.

23. सुंदर मूर्ति 24. संयोग-वियोग का धोखा 25. परछाईं 26. सृष्टि की सामग्री 27. विलाप करने वाले, रोने-पीटने वाले 28. दुःख, हाय, नाला, विलाप 29. अनायास शुभ सूचना, सहसा खुशख़बरी

कुछ ग़म-ए-जानाँ कुछ ग़म-ए-दौराँ

मैंने निम्नलिखित अशआर 25 जुलाई, सन् 1943 ई. को कहना प्रारंभ किए। नं (1) के नीचे वाले अशआर ज्यों ही कह चुका त्यों ही अली सरदार जाफ़री का ख़त बंबई से मिला कि 'नया अदब' के लिए कुछ भेज दो। 'नया अदब' मानवता के स्वतंत्रता-संग्राम तथा एक नयी विश्वव्यवस्था के शासन का प्रतीक है। मेरे विचार ने पलटा खाया और नं. (2) के नीचे वाले अशआर भी उसी ज़मीन में मौज़ूँ (रचित) होने लगे। जब यह सब अशआर हो गए तो ''कुछ ग़म-ए-जानाँ कुछ ग़म-ए-दौराँ'' के नाम से (शीर्षक से) उन्हें अली सरदार जाफ़री को भेज दिया और इसी शीर्षक से 'नया अदब' में वह प्रकाशित हुए। नं. 2 वाले कई अशआर की भाषा-शैली में प्रतीकात्मकता भली-भाँति है।

फ़िराक़

(1)

तेरे आने की महफ़िल ने कुछ आहट-सी जो पाई है
हर एक ने साफ देखा शमअ की लौ लड़खड़ाई है
तपाक और मुस्कराहट में भी आँसू थरथराते हैं
निशात-ए-दीद भी चमका हुआ दर्द-ए-जुदाई[1] है
बहुत चंचल है अरबाब-ए-हविस की उँगलियाँ लेकिन
उरूस-ए-ज़िन्दगी[2] की भी नक़ाब-ए-रुख़[3] उठाई है
यह मौजों के थपेड़े यह उभरना बहर-ए-हस्ती में
हुबाब-ए-ज़िन्दगी यह क्या हवा सर में समाई है

---

1. वियोग का दुख, दर्द 2. जीवन-रूपी दुल्हन 3. चेहरे का पर्दा

फ़िज़ाये अंजुमन तसवीर है हुस्न-ए-समाअत की
निगाह-ए-नाज़ को कोई कहानी याद आई है
सुबूत-ए-बहरो बर की खिलवतों[4] में खो गया हूँ जब
इन्हीं मौक़ों पे कानों में तेरी आवाज़ आई है
बहुत कुछ यूँ तो था दिल में मगर लब सी लिए मैंने
अगर सुन लो तो आज एक बात मेरे दिल में आई है
मुहब्बत दुश्मनी में कारगर है रश्क[5] का जज़्बा
अजब रुसवाइयाँ[6] हैं यह, अजब यह जग-हँसाई है
सद्[7] आग़ोश-ए-मुहब्बत मुझको हैं फैली हुई शाखें
अरे इन्साँ तो इन्साँ हैं मेरा हर नख़्ल[8] भाई है
मुझे बीम-ओ-रिजा[9] की बहस-ए-लाहासिल में उलझाकर
हयात-ए-बेकराँ दर पर्दा क्या क्या मुस्कराई है
हमीं ने मौत को आँखों में आँखें डालकर देखा
यह बेबाकी नज़र की यह मुहब्बत की ठिटाई है
मेरे अशआर के मफ़हूम[10] भी हैं पूछते मुझसे
बताता हूँ तो कह देते हैं यह तो खुद सताई[11] है
हमारा झूट एक चुमकार है बेदर्द दुनिया को
हमारे झूट से बदतर ज़माने की सचाई है
शब-ए-गम झुटपुटे से दम बखुद से थे दिल-ए-मुज़तिर[12]
सितारे झिलमिलाते हैं तो उसकी याद आई है

(2)

गुलामी को कलेजे से लगाकर क्यों न हम रक्खें
यह है मीरास[13] अपनी बाप-दादा की कमाई है
यही अल मुख़्तसिर तारीख़-ए-तहज़ीब-ओ-तमुद्दुन है
महाजन राज है और रुपया है आना-पाई है
वो झोंके नाज़ियत के हैं अँधेरा घुप न हो जाये
सर-ए-ताक़-ए-तमुदुन शम्अ की लौ झिलमिलाई है

---

4. एकांत 5. ईर्ष्या 6. तिरस्कार, बदनामी, निन्दा, 7. शत 8. पेड़ 9. भय, शंका, 10 अर्थ 11. आत्म-प्रशंसा
12. व्याकुल मन, आतुर हृदय 13.संपत्ति, तरका

मशक़्क़तपेशा[14] वाले जाग ! आँखें खोल दुनिया देख
न राजा की न बाबू की तेरी सारी खुदाई है
यह जीती जागती दुनिया यह बेहिस हुक्मराँ ! लाअनत !
यह मुर्दों की सभा ज़िन्दों के होते क्यों सजाई है
यह दुनिया-भर की आज़ादी की खूनीं जंग है नादाँ
न चर्चिल की लड़ाई है न हिटलर की लड़ाई है
मलूकियत-ओ-नाज़ियत की मौतें साथ आयेंगी
मिटाकर रख दे दोनों को, यह वो ज़ोर-आज़माई है
शहीदान-ए-वफ़ा का खून आईना है फ़र्दा[15] का
वो फ़र्दा रूस ने जिसकी झलक-सी कुछ उड़ाई है
उसे मर-मर के पाला था कभी हम ख़ानाज़ादों ने.
मिटाता है हमें, नज़्म-ए-कुहन[16] की मौत आई है
अभी सरमायादारी ने जलाल उसका नहीं देखा
अभी मज़दूर दुनिया ने ज़रा तेवरी चढ़ाई है
बहुत बढ़-चढ़ के दावे जब किये अहल-ए-हुकूमत ने
सुना है मौत को अँगड़ाई पर अँगड़ाई आई है
नई लौ से फ़लक पर अब सितारे थरथराते हैं
नई रातें, नई महफ़िल, नई आतिशनवाई है
हमीं हैं ज़िन्दा दरगूर[17] और हमीं हैं जिन्दा-ए-जावेद[18]
हमीं से मा'र्का[19] बदकर अजल ने मुँह की खाई है
पसीने मौत के आने लगे अहल-ए-हुकूमत को
प्रजा हठ राजहठ में बेधड़क ज़ोर-आज़माई है
जो अपनी मौत से अब ले रहे हैं आड़ ज़िन्दों की
कोई दिन के लिए उन जीते मुर्दों की बन आई है
वो ज़ंजीरे-बला दम घुटता है जिसमें असीरों का[20]
उसी ज़ंजीर की झनकार में राज़े-रिहाई[21] है
वो ज़िन्दान-ए-बला[22] टूटे असीरान-ए-सितम छूटे
नये सर हैं, नये दर हैं नई बख़्त-आज़माई है
जबीन-ए-अर्श पर एक लाल तारा झिलमिलाता है

14.परिश्रमी, 15. आनेवाला कल 16.प्राचीन प्रबन्ध 17. ज़िन्दा गाड़ना ज़िन्दा दफ़न करना 18.सदैव जीवित रहना 19.युद्ध, झगड़ा 20.कैदियों, बन्दियों का 21.मुक्ति का रहस्य 22.कारावास की कठिनाई

किरन जब उसकी फूटी सुबह साद़िक[23] थरथराई है
ख़त-ए-तक़दीर-ए-आदम के नये अन्दाज़ से चमके
मिटाकर सदियों की दुनिया नई दुनिया बनाई है
शफ़क़ को चीरती वो सुबह की पहली किरन फूटी
शुआ-ए-ज़िन्दगी[24] खूने शहीदाँ में नहाई है
दरीचे खुल गये हैं जन्नतों के आज दुनिया में
नये इंसा की वाईज़[25] यह शान-ए-किबरियाई[26] है
तेरी दुनिया तेरी उक़बा तो कब की मिट चुकी वाईज़
ज़माने में नई इंसानियत की अब ख़ुदाई है
नये इंसान में वोह सोज़-ओ-साज़-ए-ज़िन्दगी देखा
खुदा का ज़िक्र क्या आँख अहरेमन[27] की भी आई है
कहीं मज़दूर दुनिया की सलामी जैसे दग़ती हो
मुबारक इन्क़िलाब आवाज़ तो कानों में आई है
दिल-ए-हस्ती को शायर की निगाहें चीर जाती हैं
नई नोक-ए-सिनाँ[28] से यह नई उक्दाकुशाई[29] है

सन् 1943 ई.

---

23. तड़का 24. जीवन की किरण 25.धर्म उपदेशक 26. भगवान की भव्यता 27.पापी ईश्वर, अग्नि पूजकों का 28.चुभने वाली तीर की नोक 29.गाँठ खोलना, कठिनाई को सरल करना, समाधान करना

दुनिया का बोहरानी दौर

पड़ने लगती हैं जबीन-ए-वक़्त[1] पर जब सिलवटें
रात-दिन चक्कर में पड़ जाते हैं अब क्योंकर कटें
सुरमगीं[2] चश्म-ए-सहर[3] से उड़ती हैं चिनगारियाँ
डँसने को फुफकारती हैं लैला-ए-शब की लटें
यह भयानक आधियाँ यह बहर-ओ-बर[4] के ज़लज़ले
यह जम्हाई* आसमानों की ज़मीं की करवटें
ख़ून थूका मुँह बँधी कलियों ने यूँ गुलज़ार[5] में
ठेस लगकर जिस तरह अंगूर ज़ख़्मों के फटें
गर्दिश-ए-इफ़लाक[6] को भी कुछ ख़बर उनकी नहीं
ग़म के यह दिन-रात बढ़ जाने ही से शायद घटें
वो धमाके हो रहे हैं पै ब पै हर सिम्त से
पर्दा-ए-गोश-ए-मलायक जिन को सुनते ही फटें
यह अँधेरा घुप के सूरज चाँद तारे लापता
यह धुआँ घटता हुआ, काली की बल खायी लटें
मौत के घोड़ों के नथनों से यह शोअलों की लपक
सहमी दुनिया में यह उनकी बेतहाशा सरपिटें
डॉयनों के मुँह से यह खट्टी डकारों का धुआँ
जैसे दोज़ख़ के गढ़े औलाद-ए-आदम से पिटें
थरथराते हैं उफ़क़[7] पर शोअला-ए-जर्रा[8]
कारवान-ए-अहद-ए-नौ की मिल रही हैं आहटें

---

1. समझ के मस्तक पर 2. सुर्मा लगी 3. सुबह की आँख 4. भूसागर 5.चमन 6. आकाशीय विपत्ति
7. आकाश 8. घण्टा या घड़ियाल की ध्वनि
* हमारी तरफ़ जम्हाई बोलते हैं न कि जमाही अथवा जमाई।—फ़िराक़

उठ रहे हैं शशजहत[9] से नाराहाय[10] इन्क़िलाब
अहले दुनिया से कहो अब जी उठें या मर मिटें*

ज़हर से बढ़ कर तो क़ातिल जाम-ए-इशरत[11] थे 'फ़िराक़'
इन पियालों की न चक्खीं अहले गम ने तलछटें

सन् 1943 ई.

---

9. छह ओर 10. नारे का बहुवचन, नारे 11. प्रसन्नता के गिलास,

* मैंने इस क़ाफ़िये को यहाँ रवाँ रखा है।—फ़िराक़

ज़माने का चैलेंज

हुस्न-ए-माज़ी से जो लिपटा है वो सौदाई है
के बदल जाने की दुनिया ने क़सम खाई है
दास्ताँ अपनी ही तारीख़ ने दोहराई है
हो ख़बर तुझको तो होती भी यही आई है
मौत सौ मर्तबा जिस राह में तेवराई है
वहीं दराती हयात-ए-बशरी[1] आई है
राजहठ से जो प्रजाहठ कभी टकराई है
वक़्त के दिल के धड़कने की सदा आई है
उस तमद्दुन ने खिलाये हैं गुलिस्ताँ क्या-क्या
ख़ून-ए-मुफ़लिस[2] से यह सारी चमन आराई है
देख बिफरी हुई दुनिया को दबाने की न सोच
बाज़ आयेगी बग़ावत से न बाज़ आई है
इन्क़िलाब और किसे कहते हैं यह रंग तो देख
ज़िन्दगी मौत को भी साथ लगा लाई है
नहीं ख़ैर अब तेरी ऐ नज़्म-ए-कुहन[3] मेरी भी
कुछ न कुछ रंग-ए-ज़माना से शिनासाई[4] है
देखना यह है बरसती है के बरसाती है आज*
दामन-ए-बर्क़ को लहरा के घटा छाई है
रुपया राज करे आदमी बन जाये गुलाम
ऐसी तहज़ीब तो तहज़ीब की रुसवाई[5] है

---

1. मानवीय जीवन 2. निर्धन के ख़ून से 3. पारंपरिक व्यवस्था 4. परिचय 5. तिरस्कार, बदनामी
* 'बरसती है' का अर्थ-क़हर व ग़ज़ब बनके टूट पड़ना है।

चन्द ख़ामोश शरारे[6] थे हवा में जिनको
ख़िरमन[7]-ए-नज़्म-ए-कुहन देख के थर्राई है
आज ख़मियाज़ा से सदियों के फ़िज़ा है लर्ज़ाँ
नई दुनिया की यह आई हुई अँगड़ाई है
कैसी परछाइयाँ दुनिया पे पड़ी हैं जिस वक़्त
मौत की जुल्फ़ स्याह ज़ीस्त[8] पे लहराई है
दौलत-ओ-इल्म की साज़िश है जो इंसाँ के ख़िलाफ
वक़्त की रूह ख़बर उसकी उड़ा लाई है
अश्क-ए-खूँनी से है मज़दूर के रंगीन फ़िज़ा
यह गुलाबी भी उन्हीं आँखों ने छलकाई है
क्यों न हो सीना-ए-मुफ़लिस से चुराया है लहू
सेठ जी खुश भी हैं रंगत भी निखर आई है
अभी मिट्टी में मिला आये हैं नाज़ियत को
सामराजों की भी सुनते हैं ख़बर आई है
आलम-ए-निज़ाअ है आईन-ए-शहनशाही का
चारागर अब तेरी बेकार मसीहाई है
मुझमें यह जुरअत-ए-इन्कार सुन ऐ शेख़-ए-ज़माँ
तोड़ती ताड़ती बर हद्दे यक़ीं आई है

सन् 1943 ई.

---

6. चिनगारियां 7. ढेर, अम्बार, खलियान 8. जीवन

शाम-ए-अयादत

सिविल अस्पताल इलाहाबाद में रोग शय्या पर से

(1)

आमद-ए-महबूब (प्रेमी के आगमन पर)

यह कौन मुस्कुराहटों का कारवाँ लिये हुए
शबाब-ओ-शे'र-ओ-रंग-ओ-नूर का धुआँ लिये हुए
धुआँ के बर्क़-ए-हुस्न का महकता शोअला है कोई
चटीली ज़िन्दगी की शादमानियाँ[1] लिये हुए
लबों से पंखुड़ी गुलाब की हयात[2] माँगे है
कँवल-सी आँख सौ निगाह मेहरबाँ लिये हुए
क़दम-क़दम पे दे उठी है लौ ज़मीन-ए-रहगुज़र
अदा-अदा में बेशुमार बिजलियाँ लिये हुए
निकलते-बैठते दिनों की आहटें निगाह में
रसीले होंठ फ़सले गुल की दास्ताँ लिये हुए
ख़तूत-ए-रुख में जलवागर[3] वफ़ा के नक़्श सर बसर
दिल-ए-ग़नी में कुल हिसाब-ए-दोस्ताँ लिये हुए
वो मुस्कुराती आँखें जिन में रक़्स[4] करती है बहार
शफ़क़ की, गुल की, बिजलियों की शोखियाँ लिये हुए
अदाए हुस्न बर्क़ पाश[5] , शोअलाज़न[6] , नज़ारा सोज़[7]
फ़िज़ाए हुस्न ऊदी-ऊदी बिजलियाँ लिये हुए

1.ख़ुशियाँ 2.जीवन 3.प्रकट 4.नृत्य करती, नाचती 5.तेज़ चमकीला 6.भाग निकलने या मारनेवाला 7. दर्दनाक दृश्य

जगानेवाले नग़मा-ए-सहर लबों पे मौजज़न[8]
निगाहें नींद लानेवाली लोरियाँ लिये हुए
वो नर्गिस-ए-स्याह, नीमबाज़, मैकदा बदोश
अँधेरी मस्त रातों की जवानियाँ लिये हुए
तग़ाफ़ुल-ओ-खुमार और बेखुदी की ओट में
निगाहें एक जहाँ की होशियारियाँ लिये हुए
हरी-भरी रगों में वो चहकता बोलता लहू
वह सोचता हुआ बदन खुद एक जहाँ लिये हुए*
फ़र्क ता क़दम तमाम चेहरा जिस्म-ए-नाज़नीं[9]
लतीफ़ जगमगाहटों का कारवाँ लिये हुए
'तबस्सुमश तकल्लमे[10] तकल्लुमश तरन्नुमे'
नफ़स-नफ़स में थरथराता साज़-ए-लौ लिये हुए
जबीन-ए-नूर जिस पे पड़ रही है नर्म छूट-सी
खुद अपनी जगमगाहटों की कहकशाँ लिए हुए
"सितारा बार-ओ-माह चुकाँ[11] व ख़ुरफिशाँ"[12] जमाल-ए-यार
जहान-ए-नूर का कारवा-ब-कारवाँ लिये हुए
वो ज़ुल्फ़ ख़म ब ख़म शमीम-ए-मस्त से धुआँ धुआँ
वो रुख़-ए-चमन चमन बहार-ए-जाविदाँ लिये हुए
यह मस्ती-ए-जमाल कायनात ख़्वाब-ए-कॉयनात
ब गर्दिश-ए-निगाह दौर-ए-आसमाँ लिये हुए
यह कौन नौबहार-ए-नाज़ आया अज़ू-अज़ू[13] में
जवानियाँ जवानियों की आँधियाँ लिये हुए
यह कौन आँख पड़ रही है मुझ पर इतने प्यार से
वो भोली-सी वो याद-सी कहानियाँ लिये हुए
यह किस की महकी-महकी साँसें ताज़ा कर गईं दिमाग़
शबों के राज़, शबनमों[14] की नार्मियाँ लिये हुए

---

* Her Pure and Eloquent Blood Spoke in her Cheeks and so Distinctly Wrought that One Might Almost Say her Body Thought.

—JOHN DONNE

8. ढाढें मारने वाला 9.कोमल शरीर 10.बातचीत 11.चाँदनी 12.शान्त 13.अंग-अंग 14.ओस

यह किन निगाहों ने मरे गले में बाँहें डाल दीं
जहान-भर के दुख से, दर्द से अमाँ लिए हुए
निगाह-ए-यार दे गई मुझे सुकून-ए-बेकराँ
वो बे कही वफ़ाओं की गवाहियाँ लिये हुए
मुझे जगा रहा है मौत की गुनूदगी से कौन
निगाहों में सुहागरात का समाँ लिये हुए
मेरी फ़सुर्दा[15] और बुझी हुई ज़बीं को छू लिया
यह किस निगाह की किरन ने, साज़-ए-जाँ लिये हुए
इतने से चेहरे पर हयात सरमसाई मुस्कराई
न जाने कब के आँसुओं की दास्ताँ लिये हुए
तबस्सुम सहर है अस्पताल की उदास शाम
यह कौन आ गया निशात-ए-बेकराँ लिये हुए
मेरा वो रस का पुतला आँखों का सितारा आ गया
नज़र-नज़र में इल्तिफ़ात-ए-शादमाँ[16] लिये हुए
तेरे न आने तक अगरचे महरबाँ था एक जहाँ
मैं रोके रह गया हूँ सौ ग़म-ए-निहाँ[17] लिये हुए
तू आ गया तू आ गया यह शाम जगमगा उठी
बहार लहलहा उठी शमीम-ए-जाँ[18] लिये हुए
फिज़ाए अस्पताल है के रंगो-बू की करवटें
तेरे जमाल-ए-लालागूँ[19] की दास्ताँ लिये हुए
फ़िराक़ आज पिछली रात क्यों न मर रहूँ के अब
हयात ऐसी शामीं होगी फिर कहाँ लिये हुए

(2)

नई दुनिया

मगर नहीं कुछ और मसलहत थी उस के आने में
जमाल-ओ-दीद यार थे नया जहाँ लिये हुए
इसी नये जहाँ में आदमी बनेंगे आदमी
ज़बीं ये शाहकार-ए-दहर[20] का निशाँ लिये हुए

15.खिन्न, अप्रसन्न, उदास, 16.कृपा, दया, हर्ष 17.छुपा हुआ दुःख 18.शारीरिक सुगन्ध 19.लाल 20.समय का जौहर

इसी नये जहाँ में आदमी बनेंगे देवता
तहारतों का फ़र्क़ पाक पर निशाँ लिये हुए
खुदाई आदमी की होगी, इस नये जहान पर
सितारों के हैं दिल यह पेशीनगोइयाँ[21] लिये हुए
सुलगते दिल शररफिशाँ[22] व शोलाबार, बर्क़ पाश
गुज़रते दिन हयात-ए-नौ की सुर्खियाँ लिये हुए
तमाम क़ौल ओर क़सम-ए-निगाह-ए-नाज़-ए-यार थी
तुलू-ए-ज़िन्दगी[23]-ए-नौ की दास्ताँ लिये हुए
नया जनम हुआ मेरा के ज़िन्दगी नई मिली
जियूँगा आज शाम की निशानियाँ लिये हुए
न देखा आँख उठा के अहद-ए-नौ के पर्दादारों ने
गुज़र गया ज़माना यादे रफ़्तगाँ[24] लिये हुए
हम इन्क़िलाबियों ने यह जहाँ बचा लिया, मगर
अभी है एक जहाँ वो बदगुमानियाँ[25] लिये हुए

(3)

यादगार शाम

नये ज़माने में अगर उदास खुद को पाऊँगा
यह शाम याद करके अपने ग़म को भूल जाऊँगा
अयादत-ए-हबीब[26] से वो आज ज़िन्दगी मिली
खुशी भी चौंक-चौंक उठी ग़म की आँख खुल गई
अगरचे डॉक्टर ने मुझको मौत से बचा लिया
पर उसके बाद तेरी आँख ने मुझे जला लिया
निगाह-ए-यार तुझसे अपनी मंज़िलें मैं पाऊँगा
तुझे जो भूल जाऊँगा तो राह भूल जाऊँगा

(4)

दर्स-ए-हयात (जीवन का पाठ)

करीबतर मैं हो चला हूँ दुख की कायनात से
मैं अजनबी नहीं रहा हयात से ममात[27] से

21.भविष्यवाणियाँ 22.चिनगारीयुक्त 23.उदित जीवन 24.मरे हुए व्यक्तियों की याद 25.भ्रम, ग़लत धारणाएँ 26.प्रिय से मिलना 27.मौत, मृत्यु

वो दुख सहे के मुझ पे खुल गया है दर्द-ए-कायनात
है अपने आँसुओं से मुझ पे आईना-ए-ग़म-ए-हयात
ये बेक़सूर जानदार दर्द झेलते हुए
ये ख़ाक-ओ-खूँ के पुतले अपनी जाँ पे खेलते हुए
वो ज़ीस्त[28] की कराह जिस से बेक़रार है फ़िज़ा
वो ज़िन्दगी की आह जिससे काँप उठती है क़ज़ा
कफ़न है आँसुओं का दुख की मारी कॉयनात पर
हयात क्या, इन्हीं हकीक़तों से होना बेख़बर*
जो आँख जागती रही है आदमी की मौत पर
वह अब्र-ए-रंग रंग को भी देखती है सादातर**
सिखा गया है दुख मेरा पराई पीर जानना
निगाह-ए-यार थी यहाँ भी आज मेरी राहनुमा
यही नहीं के मुझ को आज ज़िन्दगी नई मिली
हक़ीक़त-ए-हयात मुझ में सौ तरह से खुल गई
गवाह है यह शाम और निगाह-ए-यार है गवाह
ख़्याल-ए-मौत को मैं अपने दिल में अब न दूँगा राह
जियूँगा हाँ जियूँगा ऐ निगाह-ए-आशनाए[29] यार
सदा सुहाग ज़िन्दगी है और जहाँ सदाबहार

(6)

अज़्म-ए-हयात (जीवन का संकल्प)

अभी तो कितने नाशुनीदा[30] नग़मा-ए-हयात हैं
अभी निहाँ[31] दिलों से कितने राज़-ए-कॉयनात हैं
अभी तो ज़िन्दगी के नाचशीदा रस[32] हैं सैकड़ों
अभी तो हाथ में हम अहले ग़म के जस हैं सैकड़ों
अभी वो ले रही हैं मेरी शायरी में करवटें
अभी चमकने वाली हैं छिपी हुई हक़ीकतें

---

* The Sense of Tears Things Numan —`VIRGIL'

** The Clouds that Gather Round the Seting Sun do Take a Sober Colouring From an Eye that Kath Kept Watch o'er Man's Mortality—'Words Worth'

28.जीवन, 29.परिचित दृष्टि 30.अनसुना 31.छिपे हुए 32.बिना चखे हुए रस

अभी तो बहर-ओ-बर पे सो रही हैं मेरी वो सदाएँ
समेट लूँ उन्हें तो फिर वो कॉयनात को जगाएँ
अभी तो रूह बन के ज़र्रे-ज़र्रे में समाऊँगा
अभी सबाह[33] बन के मैं उफ़क़ पे थरथराऊँगा
अभी तो मेरी शायरी हक़ीक़तें लुटायेगी
अभी तो सदाए दर्द[34] एक जहाँ पे छायेगी
अभी तो आदम, असीर-ए-दाम है गुलाम है
अभी तो ज़िन्दगी सद इन्क़िलाब का पयाम है
अभी तमाम ज़ख़्म-ओ-दाग़ है तमुद्दुने जहाँ
अभी रुख़-ए-बशर पे हैं बहीमियत[35] की झाँइयाँ
अभी मशीनों पे फ़तह पा नहीं सका बशर
अभी मुक़द्दरों को बस में ला नहीं सका बशर
अभी तो इस दुखी जहाँ में मौत ही का दौर है
अभी तो जिसको ज़िन्दगी कहें वो चीज़ और है
अभी तो खून थूकती है ज़िन्दगी बहार में
अभी तो रोने की सदा है नग़मा-ए-सितार में
अभी तो उड़ती हैं रुख़-ए-बहार पर हवाइयाँ
अभी तो दीदनी हैं हर चमन की बेफ़िज़ाइयाँ
अभी फ़िज़ाए दहर[36] लेगी करवटों पे करवटें
अभी तो सोती हैं हवाओं की वो सनसनाहटें
के जिन को सुनते ही हुकूमतों के रंग-ए-रुख़ उड़ें
चपेटें जिनकी सरकशों[37] की गर्दनें मरोड़ दें
अभी तो सीना-ए-बशर में सोते हैं वो ज़लज़ले
के जिनके जागते ही मौत का भी दिल दहल उठे
अभी तो बत्न-ए-ग़ैब[38] में है इस सवाल का जवाब
खुदाए ख़ैर-ओ-शर भी ला नहीं सका था जिसकी ताब
अभी तो गोद में हैं देवताओं की वो माह-ओ-साल[39]
जो देंगे बढ़ के बर्क़-ए-तूर से हयात को जलाल

---

33. प्रभात, सवेरा, तड़का 34.दर्द की कराह, आवाज़ 35. बेदर्दी, 36.युगीन वातावरण 37.अत्याचारी 38.कल्कि पेट 39.मास और वर्ष

अभी रग-ए-जहाँ[40] में ज़िन्दगी मचलनेवाली है
अभी हयात की नई शराब घुलनेवाली है
अभी छुरी सितम की डूबकर उछलनेवाली है
अभी तो हसरत एक जहान की निकलनेवाली है
अभी तो घन गरज सुनाई देगी इन्क़िलाब की
अभी तो गोश बर सदा[41] है बज़्म-ए-आफ़ताब की*
अभी तो पूँजीवाद** को जहान से मिटाना है
अभी तो साम्राज्यों को सज़ाए मौत पाना है
अभी तो दाँत पीसती है मौत शहरयारों की
अभी तो खून उतर रहा है आँखों में सितारों की
अभी तो इश्तरेराकियत के झण्डे गढ़नेवाले हैं
अभी तो जड़ से किश्त-ओ-खूँ[42] के नज़्म उखड़नेवाले हैं
अभी तो प्रोलोतेरेत का राज होनेवाला है
अभी बहुत जहाँ में काम-काज होनेवाला है
मगर अभी तो ज़िन्दगी मुसीबतों का नाम है
अभी तो नींद मौत की मेरे लिए हराम है
यह सब पयाम इक निगाह में वो आँख दे गई
बयक नज़र कहाँ-कहाँ मुझे वो आँख ले गई

सन् 1943 ई.

40.संसार की रग, कमज़ोरी 41.कानों के सुनने की शक्ति, ध्वनि 42.रक्तपात
* सूर्य-सभा अर्थात सौरमण्डल
** साम्राज्य

शाम-ए-अयादत
के
महबूब से

जिस पैकर-ए-जमाल (मोहिनी) के प्रेम ने अगस्त सन् 1943 ई. में मुझ से भयंकर रोग की शय्या से 'शाम-ए-अयादत' की नज़्म कहलवाई। उसी की सुंदरता एवं प्रेम के रस से ये नग़मे भी बोझल हैं। ये कविताएँ एवं ग़ज़लें सन् 1942 से सन् 1943 तक की हैं और इन सब की शृंगारित, विचार एवं रूह-ए-नग़मा भाव भूमि और आत्मा का संबंध एक ही व्यक्ति से है।

–'फ़िराक़'

(1)
सुबह तेरे हुस्न में अँगड़ाइयाँ लेती हुई

हर अदा गोया[1] पयाम-ए-ज़िन्दगी देती हुई
सुबह तेरे हुस्न में अँगड़ाइयाँ लेती हुई
जिस्म की ऐसी सजावट रंग का ऐसा निखार
सर बसर साँचे में गोया ढल गई रूह-ए-बहार
आँख जीता-जागता जादू तबस्सुम मौज-ए-बर्क़
सर से एड़ी तक जवानी आप अपने रस में गर्क़[2]
करवटें लेती हैं रातें गेसुओं[3] की छाँव में
दिन फिरें दुनिया के वो अन्दाज़ उठते पाँव में
यह सजल गर्दन यह साँचे में ढले शाने सुडौल

1.जैसे 2.खोया हुआ, लीन 3. बालों

जिस्म के ख़त लौ दीदे उठें शायर के क़ौल
जैसे शमशीरें खिंचें जुटी भँवों का वो तनाव
रागनी जैसे खड़ी हो जिस्म का ऐसा रचाव
चाल वो जिस से लहक उठता हो इश्क़-ए-नामुराद[4]
जिस तरह गुज़रे नज़र के सामने से कोई माद
नर्सिंग-ए-सरशार जिसको होश की दुनिया कहें
ख़न्दा-ए-पुरकार[5] पा लेता है जो दिल की तहें
ओट में रखती है सौ परछाँइयाँ तेरी नज़र
जिस तरह कैफ़ीयतों में ग़र्क हो पिछला पहर
पेंग लेती है हक़ीक़त जिस्म की हर लहर में
बिजलियाँ रह-रह के कौंदे जैसे बहती नहर में
डूबकर अश्कों में गोया मुस्कराती है हयात
देखकर आईना जैसे जाग उट्ठे कॉयनात
ज़ुल्फ़ की वो शबनमिस्ताँ वो कमर का पेच-ओ-ताब
शोअला-ए-रुख़ वो के लौ देने लगे शायर का ख़्वाब
सैकड़ों क़ौस-ए-क़ज़ह[6] जिस तरह लहरों में नहाएँ
जिस्म की वो नग़्मगी जैसे सितारे मिल के गाएँ
तो गुल-ओ-बुलबुल की एक रंगीं बहार-ए-बेकराँ
तू चमन अन्द्रर चमन तू दास्ताँ दर दास्ताँ
ऐ के तुझ से रंग-ओ-बू के सब करिश्मे शर्मसार
जन्नत-ए-दिल है तेरा हुस्न-ए-बहार अन्दर बहार
हुस्न है या शबनमिस्ताँ में दहक उट्ठी है आग
तू बहार-ए-ज़िन्दगानी तू जवानी का सुहाग
छागलें बजती हैं यूँ लेता है लहरें अंग-अंग
मस्त लय में छेड़ दे जिस तरह कोई जलतरंग
रोकथाम ऐसी है निखरे जिस्म की हर लोच में
जैसे एक दुनिया-ए-रंग-ओ-बू हो गहरे सोच में
या चमककर उठनेवाला कोई दर्द-ए-दिल है तू
या ज़मीन-ओ-आसमाँ का ख़्वाब-ए-मुस्तक़बिल[7] है तू
पर्दे-पर्दे में दिलों को साफ़ तड़पाती हुई

---

4. नाकाम प्रेम 5. हँसीयुक्त 6. धनक, इन्द्रधनुष 7. भविष्य का सपना

ख़ामुशी तेरी मुहब्बत की क़सम खाती हुई
सर बसर नज़्ज़ारा-ए-दिल हुस्न का दीदार है
तू, जहाँ से देखिए, आया हुआ-सा प्यार है
रात-दिन की हर मुसीबत का तुझे चारा कहीं
यह नहीं खुलता तुझे किस सुबह का तारा कहें
क़ल्ब-ए-फ़ितरत में सुना करते थे इक मुद्दत से शोर
आज तेरे भेस में निकला है किस के दिल का चोर
हश्र सामाँ[8] मेहवियत[9], ख़िलवत[10] कहें या अंजुमन
साफ़ अज़ सरता कदम कुछ सोचता है वोह बदन
कुछ दिनों फ़ितरत के गेहवारों[11] ने जब पाला तुझे
रंग-ओ-बू ने हुस्न के साँचे में जब ढाला तुझे
आ गई बाद-ए-बहारी[12] की लचक रफ़्तार में
मौज-ए-दरिया का तरन्नुम बस गया रुख़सार में*
ख़्वाबगाह में तेरी बातें आँख झपकाती हुई
कैफ़ियत में ग़र्क़ रातें लोरियाँ गाती हुई
वो सुकून हुस्न-ए-ख़्वाबीदा वोह महकी करवटें
वोह कमर तक नागिनों की तरह बल खाई लटें
नींद में डूबी हुई दुनिया थी इक धुँधला गुबार
बढ़ता जाता था उधर तारों की आँखों का खुमार
एक रिदा-ए-तीरगी[13] है और ख़्वाब-ए-कायनात
घुलते जाते हैं सितारे भीगती जाती है रात
यह सुकूत-ए-बेकराँ यह निकहतों[14] की करवटें
आँख ओझल कारवाँ की मल रही हैं आहटें

मुझ से, मैं जिस वक़्त तेरे ग़म में रोकर रह गया
मुस्करा के ज़िन्दगी का देवता कुछ कह गया

सन् 1943 ई.

---

8. प्रलय की सामग्री 9. तल्लीनता 10. एकान्त, तन्हाई 11. स्थान 12. बहार की हवा 13. अंधकार-रूपी चादर 14. सुगन्ध

* And Beauty Born of Murmuring Sound Shall Pass into her Face—'Word Worth'

(2)
आँखों में मुहब्बत की किरन खेल रही है

माथे पे तेरे सुबह-ए-चमन खेल रही है
आँखों में मुहब्बत की किरन खेल रही है
यह रात के संगीत की लय है के हवा है
वो ज़ुल्फ़-ए-शिक़न ज़ेर-ए-शिकन खेल रही है
मिज़गाँ[15] से झलक जाते हैं ऐमन[16] के फ़साने
होठों पे तबस्सुम की किरन खेल रही है
पैराहन-ए-खुश वज़ाअ[17] से आती है लपट-सी
मलबूस[18] में खुशबू-ए-बदन खेल रही है
रक़्साँ हैं शुआएँ-सी ज़बीं से कफ़-ए-पाक
या सुबह सर-ए-बाग़-ए-अदन[19] खेल रही है
गुमगश्तगी[20]-ए-ख़्वाब का आलम है नज़र में
या दिल में तेरे यादे-वतन खेल रही है
आग़ाज़-ए-मुहब्बत में है निगराँ निगाह-ए-शौक़
बर रूए-सहर पहली किरन खेल रही है
उठती है दम दम तेरी चंचल-सी निगाहें
या शोखी-ए-आहू[21]-ए-खुतन खेल रही है
इस पैकर-ए-रंगीं में ज़हे शोख़ी-ए-पिन्हाँ[22]
बिजली तहे दामान-ए-चमन खेल रही है
इन मदभरी आँखों में चमक जाती हैं रातें
या मस्ती-ए-सहबा-ए-कुहन खेल रही है
उठता है धुआँ-सा यह फ़िज़ा में के दिलों से
तेरी निगह-ए-सायेक़ा[23] ज़न खेल रही है
क्या तूर की चोटी पे है लरज़ाँ ख़त-ए-ज़र्री
बलखाई ज़बीं पर जो शिकन खेल रही है
संगम पे नहाने में यह बल खाता हुआ जिस्म
इक मौज सर-ए-गंग-ओ-जमन खेल रही है

---

15. पलक 16. शुभ, मंगलकारी 17. सुन्दर वेशभूषा 18. वस्त्र 19. आदिकाल का बाग़ 20. खोया हुआ 21. कस्तूरी हिरण की चंचलता 22. छिपी हुई चंचलता 23. बिजली की सी दृष्टि

रंगीं हिजाबो[24] में है यह हुस्न की शोख़ी
या रेशमी घूँघट में दुल्हन खेल रही है
महकी हुई झलकीं हैं बदन की के फ़िज़ा से
बल खाती हुई बू-ए-चमन[25] खेल रही है
दोशीज़ा[26] अदाओं में शगूफ़ों की बहारें
गुलज़ार से गुंचों की फबन खेल रही है
यह महकी हुई छाँव निगाहों की दिलों पर
गुंचों से सितारों की किरन खेल रही है
ऐ नर्गिस-ए-राअना[27] तेरे मुबहम से इशारे
आशिक़ से तेरी तर्ज़-ए-सुख़न[28] खेल रही है
लौ देता है क्या-क्या यह चिराग़-ए-तहेदामाँ[29]
मलबूस से रंगीनी-ए-तन खेल रही है
लहराते हुए जिस्म पर एक छूट-सी पड़ना
मौजों से कोई चन्द्रकिरन खेल रही है
जब देखिए तुझको है यही क़ौल-ए-नज़र का
चेहरे पे तेरे पहली किरन खेल रही है
यह रंग-ए-सुख़न है के मुअत्तर[30] है समाअत[31]
हर लफ़्ज़ में ख़ुशबू-ए-दहन खेल रही है

सन् 1943 ई.

(3)

एक मौजा-ए-निकहत इधर ऐ जान-ए-गुलिस्ताँ

एक बर्क़-ए-नज़र इस सिम्त भी ऐ गुल-ए-ख़न्दाँ[32]
एक मौजा-ए-निकहत[33] इधर ऐ जान-ए-गुलिस्ताँ
बस एक किरन डाल सर-ए-दामन-ए-हस्ती
एक छोट-सी पड़ जाये इधर ऐ मह-ए-ताँबा[34]
लहराई हुई क़ौस-ए-क़ज़ाह क़ामत-ए-रंगीं[35]
उठते हैं क़दम या लहक उठता है गुलिस्ताँ

24. रंगीन पर्दा, नकाब 25. चमन की खुशबू 26. कुमारी 27. नर्गिसी फूल के दर्शन 28. बातचीत की शैली 29. सुरक्षित 30. फैली हुई, व्याप्त 31. सुनना, सुनने की शक्ति 32. हँसते या खिले हुए फूल 33. सुगन्धित तरंग, लहर 34. प्रकाशमान चन्द्रमा 35. रंगीन शरीर

एक लोच भरी लय है तेरी नर्मी-ए-गुफ़्तार[36]
सीने में जवानी के उभरते हुए तूफ़ाँ
सय्याल शफ़क़[37] मारती है मौजों पे मौजें
एक रंग का तूफ़ाँ है के है जोश-ए-बहाराँ
पौ फूट रही है ज़ जबीं ताबा कफ़-ए-पा
या चादर-ए-शबनम में झलकता है गुलिस्ताँ
आँखों में जवानी की चमकती हुई बिजली
सीने में मुहब्बत के मचलते हुए अरमाँ
शोख़ी जो हया के भी दबाए नहीं दबती
लौ देता है क्या-क्या यह चिराग़-ए-तहे दामा[38]
आगे तेरे ऐ शोख़ ! यह आलम है के गुलज़ार
एक रंग-ए-परीदा[39] है के एक बू-ए-परीशाँ
यह मस्त अदाएँ हैं के काअबे पे घटा छाई
यह मौज-ए-तबस्सुम है के मंदिर में चिराग़ाँ
तू तीरगी-ए-शाम[40] भी तू नूर-ए-सहर भी
मस्ती भी है छाई हुई चेहरा भी दरख़्शाँ[41]
तारों की झपकती हुई आँखों के फ़साने
लेते हैं तेरे हुस्न से कैफ़ियत-ए-पिन्हाँ
हर जुम्बिश-ए-दामन से सनकती हैं हवाएँ
क्या लर्ज़िश-ए-मस्ताना है ऐ सर वे ख़िरामाँ[42]
हर साँस कोई महकी हुई नरम-सी लय है
लहराता हुआ जिस्म है या साज़ है लरज़ाँ
या मदभरी पुरवाई में रस डोल रहा है
या मस्त अदाओं में है एक लहर-सी रक़्साँ
चेहरे से अमाँ[43] सुबह दरख़्शाँ की बहारें
गेसू में निहाँ तीरगी-ए-शाम-ए-ग़रीबाँ
लरजिश-सी है राहों में ज़हे शोख़ी-ए-रफ़्तार
जुम्बिश-सी है नज़रों में के है गर्दिश-ए-दौराँ[44]
तू पास से गुज़रा के लपट मुश्क[45] की आई

---

36. नर्म बातचीत, मीठा वार्तालाप 37. लाल द्रव 38. तरल उषा 39. उड़ा हुआ रंग 40. अंधकारयुक्त शाम 41. प्रकाशित 42. धीमी चाल 43. प्रकट 44. समय की विपत्ति 45. सुगन्ध

बचती हुई नज़रें - थीं के आहू[46] थे गुरेज़ाँ[47]
ऐ दोस्त महकती हैं अभी तक वो फ़िज़ाएँ
जिनमें था खिला तेरे तबस्सुम का गुलिस्ताँ
होठों में दबे ख़न्दा पिन्हाँ[48] के शरारे[49]
आँखों में ज़माने के बदल देने का सामाँ
बातों में हैं जी उठने के मुर्दों को इशारे
घातों में हैं दुनिया के मिटा देने के इमकाँ
आरिज़[50] की झलक है के छलक जाते हैं सागर
माथे की दमक है के तुलू-ए-महे-ताबाँ[51]
अबरू[52] की लचक है के लपक जाती है शमशीर[53]
गेसू की लटक है के घटाएँ हैं ख़िरामाँ
रग-रग में कसक है के एक आई हुई अँगड़ाई
सीने की झलक है के लहकता है गुलिस्ताँ
चेहरे की महक रो कश-ए-खुशबू-ए-गुल-ए-खुल्द
बातों की चहक जलवा-दह-ए-लाल-ए-बदख़्शाँ[54]
इस नरमनिगाही से चमक उठता है ऐ दोस्त
वो दर्द जो इन्साँ को बना देता है इन्साँ
ऐ दोस्त यह तू ही है जिसे देख रहा हूँ
या ख़्वाब है शायर का कोई शोअला बदामाँ[55]
पड़ते ही नज़र तुझ पे मुहब्बत ने पुकारा
"निकला मेरी क़िस्मत को जगाता महे ताबाँ"

सन् 1943 ई.

(4)

जान और ईमान का गाहक जिस्म का यह शर्मीलापन

जज़्ब-ए-हुस्न से खींच के हुई हस्ती-ए-आलम जुज़्वे बदन[56]
जान और ईमान का गाहक जिस्म का यह शर्मीलापन
लौ दे उठता है पैराहन[57] पूछ न कुछ खुशबू-ए-बदन
लपटें यूँ आती हैं जैसे मौजें मारे बू-ए-चमन

46. हिरण 47. विरोधी 48. छिपी हुई हँसी 49. चिनगारियाँ 50. गाल 51. रोशन, दीप्तिमान मुख या चन्द्रमा की तरह चमकता हुआ चेहरा 52. पलक 53. तलवार 54. आबदार मोती 55. आग बरसानेवाला 56. आंशिक शरीर 57. वस्त्र

जैसे गुलों पर चादर-ए-शबनम ठंडी शुआएँ फूटें कम कम
सर से क़दम तक गोरे जिस्म पर चाँदनी रातों का जोबन
मस्त अदाएँ बादल-बादल शोख़ निगाहें बिजली-बिजली
चाल में बाद-ए-सबा[58] की लचक-सी सँभला सँभला अल्हड़पन
जोश-ए-जवानी उमड़ा-उमड़ा मदभरा सीना उभरा-उभरा
जुल्फ़ स्याह घनघोर घटा रूए निगारीं[59] चमन-चमन
लहरा-लहरा-सा उठता है रह-रहकर वो पैकर-ए-नाज़
दुनिया-दुनिया है यह अदा, आलम-आलम है वो बदन
साअद-ए-सीमीं[60] में वो डलक है ज़रीं कमर में ऐसी लचक है
जैसे लौ देता हुआ हीरा जैसे झोंका खाये चमन
इश्क़ रंगीला हुस्न रसीला देखिए क्या गुल खिलते हैं
इश्क़ में दुनिया की चालाकी हुस्न में एक अनीलापन
मद भरी आँखें रस भरा यौवन रग-रग में मस्ती छलके
बातें तेरी कैफ़-ए-सहबा[61] घातें तेरी साएक़ाज़न[62]
जगमग-जगमग तुझसे रातें बर्क़-ए-जिहिन्दा[63] तेरी बातें
तू एक शोअला-ए-वादी-ए-ऐमन[64] तू एक साग़र-ए-मर्द फ़िगन[65]
उनमें कहाँ यह रंग झलाझल उनमें कहाँ है यह छल-बल
और हसीनों को भी देखा नाम बड़े और थोड़े दर्शन
रूप के इस आकाश पर अक्सर दिन डूबे पौ फटती है
जुल्फ-ए-परेशाँ[66] शाम-ए-गरीबाँ[67] रूए दरख़्शाँ[68] सुबह वतन
तू सबके दुख-सुख का सहारा, सब का चहीता सब का प्यारा
दुनिया की आँखों का तारा, सब रोगों का संजीवन
भीनी-भीनी निगाह की खुशबू पड़ जाती है दिल में ठंडक
उजले फूल बरसा जाती है उन मासूम आँखों की किरन
मौज-ए-नसीम इस लोच को तेरे जिस्म है या संगीत की लय
सरतापा लहरा ही लहरा जैसे कोई गाये सावन
एक फ़ितना-ए-राअनाई[69] क़ामत[70] ढाये चाल आफ़त पर आफ़त
पंजा-ए-वहशत एक क़यामत ! जेब-जेब दामन-दामन

---

58. प्रातःकालीन ठण्डी हवा 59. प्रेम-सी 60. चाँदी की-सी चमक वाली छड़ी 61. शराब की मस्ती 62. बिजली की-सी 63. बिजली की तरह कौंधने वाली 64. अभय या सुरक्षित वादी (रमणीय स्थल) का अंगारा 65. व्यक्ति के लिए शराब का प्याला 66. परेशान लटें 67. निर्धनों की शाम 68. दीप्तिमान मुख 69. चंचल भव्यता 70. आकार, शरीर

मस्ती है या भरी घटा है शोख़ी है के लपकता कौंदा
तू ही हन बरसाने वाला तू ही है बर्क़-ए-ख़िर्मन[71]
वादी-वादी दरिया-दरिया पेच-ओ-ताब में तेरे लिए
बाद-ए-सहर[72] ने तुझ को ढूँढ़ा सहरा-सहरा चमन-चमन
लटके-लटके काले गेसू गोरे-गोरे लंबे बाज़ू
मिल के रवाँ हैं गंग-ओ-जमन साथ ख़िरामाँ राम-ओ-लखन
साज़ वही जिसमें पैदा हो आप ही आप चढ़ाव-उतार
आज न छेड़ूँगा मैं तुझ को आप ही आप रूठ और मन
साज़-ए-निगाह से सुन लेते हैं इश्क़ की क़िस्मत का नग़मा
जैसे सुनाई दे छलके जाम में तारों के दिल की धड़कन
बल खाते हुए जिस्म पे जैसे छूट-सी पड़ती हो रह-रहकर
या लहरों पर चाँदनी रात में नाच रही है चन्द्रकिरन
तेरे गीत गाते हैं तारे तेरी परछाईं महपारे[73]
तुझ से फ़िराक़ सितमकुश्ता[74] का दिल है शाद आँखें रोशन

सन् 1943 ई.

(5)

जैसे नसीम लड़खड़ाये मौज-ए-शराब थरथराये

तर्ज़-ए-ख़िराम[75] क्या बताये, राज़-ए-निगाह कैसे पाये
जैसे नसीम लड़खड़ाये, मौज-ए-शराब थरथराये
काश के झुटपुटे में यूँ तेरा ख़याल दिल पे छाये
जैसे जबीन-ए-चर्ख़[76] पर कोई सितारा मुस्कुराये
वजहे मलाल भी तो हो, हुस्न भी किस तरह मनाये
उफ़ यह मिज़ाज-ए-इश्क़ जो बैठे-बिठाये रूठ जाये
गुंचा-ए-नूदमीदा[77] को जैसे नसीम गुदगुदाये
देख जमाल-ए-यार को जैसे हयात मुस्कुराये
जैसे सबाह थरथराये जैसे फ़िज़ा को वज्द[78] आये
जलवा-ए-हुस्न-ए-यार देख जैसे बहार लहलहाये
जैसे फ़िज़ाए बज़्म-ए-नाज़ साज़ की तरह थरथराये

71. खलिहान पर गिरने वाली बिजली 72. प्रातःकालीन ठण्डी वायु 73. सुन्दर 74. पीड़ित 75. धीमी चाल का रूप 76. आकाशीय मस्तक 77. खिली हुई नई कलियाँ 78. उमंग, जोश

सौत-ए-निगाह[79]-ए-यार सुन जैसे सदाए नग़मा आये
तेरी निगाह उठी है या बजते हैं कान इश्क़ के
नाविक बेख़ता कोई जैसे फ़िज़ा में सनसनाये
ठहरे हुए हैं क़ल्ब-ए-जाँ अबरू-ए-दोस्त[80] अलअमाँ
खिंचती हुई कड़ी कमाँ जैसे लचक-लचक-सी जाये
आज हर अहले दीद से तेरी नज़र का है पयाम
ले के निशात-ए-हुस्न को दर्द में डूब-डूब जाये
अपने मक़ाम पर रहें इश्क़ की बेनियाज़ियाँ
गो दर-ए-खुल्द[81] भी खुले, दिल ने कहा के कौन जाये*
बर्क़-ए-जमाल-ए-यार यूँ लहर पे लहर लेती है
दिल के कँवल में जिस तरह शोअला-ए-इश्क़ थरथराये
जिस के लिए हो बस यही एक सर-ए-रिश्ता-ए-हयात
आज उसी के हाथ से दामन-ए-यार छूट जाये
आलम-ए-हुस्न-ओ-इश्क़ की कौन वो बात है जिसे
भूलें अगर तो याद आये याद करें तो भूल जाये
मुज़्दा-ए-दीद-ए-हुस्न[82] पर दिल है के उमड़ा आता है
तेरा जमाल-ए-दिलनवाज़ देख के आँख भर न आये
साफ़ अभी उठी नहीं सीनों में दिल हैं चाक-चाक
नर्गिस-ए-नीम वा कहीं अब यह नज़र उतर भी जाये
आँखों में इन्क़िलाब का एक समाँ-सा खिंच गया
कहती है वो निगाह भी गर्दिश-ए-चर्ख़[83] क्या दिखाये
चारों तरफ़ वो रंन पड़ा दौर-ए-क़मर बदल गया
अब यह जहान-ए-ग़ैर है अपने जो थे वो काम आये
जैसे हयात की निगाह देती हो मौत का पयाम
होंठों पे आज मौत के जैसे हयात मुस्कुराये
दौर-ए-क़मर में ख़ैरोशर[84] यूँ ही झलकते आजकल
जैसे के वो निगाह-ए-शोख़ खाके क़सम मुकर भी जाये
देखिए सँभले किस तरह आज तमुछने जहाँ[85]
तेज़ हवा की राह में जैसे चिराग़ झिलमिलाये

79. दृष्टि की ध्वनि 80. मित्र की भवें 81. स्वर्ग का द्वार 82. हुस्न देखने की खुशी 83. आकाशीय विपत्ति 84. अच्छाई-बुराई 85. संसार की संस्कृति, सभ्यता, शिष्टाचार

* दर हाए फ़िरदौस वा बूद इमरोज़ / अज़ बेदिमाग़ी गुफ़्तीम, फ़र्दा—'**बेदिल**'

अर्ज़-ओ-समाँ[86] बदल गये ज़िन्दगियाँ बदल गयीं
फिर भी वही सवाल है दौर-ए-सिपहर[87] क्या दिखाये
चौंक के हुस्न से तो और खा गये हुस्न का फ़रेब[88]
गर्चे यही कहा किये जान के कौन धोखे खाये
अब तो दिल-ए-तपाँ अपनी सलामती की फ़िक्र
बर्क़-ए-नज़र वही के जो आग लगा के भूल जाये
देख हयात-ए-इश्क़ के रंग-ए-निशात पर न जा
पाये अगर यह ज़िन्दगी मौत भी खून थूक जाये
गो हमातन[89] वो जब्र[90] है कहती हैं यह मशय्यतें[91]
हमसे भी कुछ न बन पड़े इश्क़ जो अपनी ज़िद पे आये
कश्ती-ए-दिल[92] बचाइए इतना मगर रहे ख़याल
डूबे अगर तो पार हो, पार लगे तो डूब जाये
खुलने को है रुख़-ए-निगार इश्क तमाम इन्तिज़ार
हाँ तो वो हुस्न क्या दिखाये हाँ तो वह आँख क्या सुनाये
इश्क़ के छेड़ने से फिर क़िस्सा-ए-ज़िन्दगी छिड़ा
अब तो ज़माँ मकाँ की भी डर है कि आँख लग न जाये
जुस्तजू-ए-निशात[93] में निकले थे कितने कारवाँ
उन के भी हाथ क्या लगा हम तो फ़िराक़ बाज़ आये

सन् 1943 ई.

(6)

सदा बहार है तू इश्क़ का सुहाग है तू

भड़कते शोअलों से ठंडक जो दे वो आग है तू
सदा बहार है तू प्रेम का सुहाग है तू
ख़बर दिलों को नहीं जलते हैं के बुझते हैं
अरे न आग न पानी है जो वो लाग है तू
सुकूत[94] को भी तो कानों में गूँजता पाया
जो एक कर दे सुना-अनसुना वो राग है तू
झलक रही है जबीं कॉयनात की तुझ सें

86. ज़मीन-आसमान 87. आकाश का दौर 88. धोखा 89. पूर्ण रूप से 90. अत्याचार, 91 स्वेच्छा
92. दिली भाव 93. प्रसन्नता की इच्छा में 94. शान्ति, शान्त

एक अमर ग़ैब से खुल जाये जो वो भाग है तू
कबाये तंग[95] ने बीसूँ[96] जगह से लौ दे दी
ज़फ़र्क़ ताबा क़दम[97] एक दबी-सी आग है तू
जुदा हर एक से हमआहंग[98] भी ज़माने से
क़बूलियत की जो तसवीर है वो त्याग है तू
सवाद-ए-शाम-ए-अबद[99] जुल्फ़-ए-यार बस है तेरा
जो डस ले सुबहे क़यामत को भी वो नाग है तू
मैं तुझ को देख रहा हूँ के कान बजते हैं
है कोई शोअला लर्ज़ां के कोई राग है तू
कहाँ चमन की बहारें कहाँ यह रंग-ए-निशात
जो खून-ए-इश्क़ से खेला गया वो फाग है तू
बहुत दिनों में मुहब्बत को यह हुआ मा'लूम
लगाओ नाम को जिसमें नहीं वो लाग है तू
निगाह-ओ-गोश की पुरकैफतिश्नगी[100] को न पूछ
एक अधखिली-सी कली अधसुना-सा राग है तू

फ़िराक़ अपने दुखों को भुला के कहना था
सदा बहार है दुनिया सदा सुहाग है तू

सन् 1942 ई.

(7)

शराब जैसे छलकते-छलकते रह जाये

तुझे भुलायें तो नींद आते-आते रह जाये
कोई अधूरी कहानी-सी जैसे कह जाये
उसी पर आईना शायद हो कुछ नज़ाकत-ए-वक़्त
तेरी निगाह की जो नर्म चोट सह जाये
तेरे क़रीब सरापा[101] क़ुसूर आये इश्क़
तेरे हुज़ूर से जाये तो बेगुनाह जाये
निगाह-ए-नाज़ के आसार-ए-इन्क़िलाब न पूछ
कहीं यह क़स्र-ए-ज़मान[102]-ओ-मकाँ न ढह जाये

95. तंग वस्त्र 96. बहुत जगह से 97. नीचे से ऊपर तक 98. परस्पर 99. अनन्तकाल से 100. आनन्ददायक प्यास 101. पूरा ठिकाना 102. ठिकाना

कहाँ कहाँ से चमक जाये इश्क़ की तक़दीर
कहाँ कहाँ निगह-ए-नर्गिस-ए-स्याह[103] जाये
खुले हैं रम्ज़-ओ-कायनात-ए-ज़िन्दगी[104] इस तरह
तेरी निगाह की याद आके जैसे रह जाये
कभी-कभी तो जफ़ाये करम[105] नुमा की अदा
कभी-कभी तो हमारी भी बात रह जाये
तू दिन की तरह हसीं रात की तरह पुरकैफ़
जहाँ भी जाये बअन्दाज़ महर-ओ-मह[106] जाये
यह सुनते ही क़दम कारवान-ए-इश्क़ उठे
कहीं भी चैन न पायेगा जिस जगह जाये
वो रात ! गोशबर आवाज़[107] थे जब अंजुम-ओ-माह[108]
तेरी निगाह कहानी-सी जैसे कह जाये
वो रंग-ए-रुख़ था उठाई नक़ाब जब उसने
शराब जैसे छलकते-छलकते रह जाये
निगाह-ए-मस्त तेरी थाह कोई पा न सका
फ़िराक़ ही की नज़र है जो तह-ब-तह जाये

सन् 1944 ई.

(8)

फ़िज़ा में जैसे गुलाबी-सी कोई छलकाये

तेरे जमाल से गाती हुई बहार आये
तेरी निगाह से जैसे फ़िज़ा महक जाये
यह रंग-ओ-बू[109]-ए बदन है के जैसे रह-रहकर
क़बा-ए-नाज़[110] से कुछ शोअला-सा लपक जाये
तेरे ख़याल की रंगीनियों का क्या कहना
फ़िज़ा में जैसे गुलाबी-सी कोई छलकाये
खुले किसी पे न अन्दाज़-ए-जुम्बिश-ए-गेसू[111]
छुए हवा तो न जाने कि घर सनक जाये
न मेलजोल बढ़ा इस कद्र, मैं डरता हूँ

---

103. काला फूल 104. ज़िंदगी के इशारें 105. अत्याचार 106. चाँद-सूरज 107. सुनाई देनेवाली ध्वनि 108. चन्द्रमा की सभा 109. रौनक़ 110. मुलायम वस्त्र 111. बालों के हिलने का अन्दाज़

के तुझ से छुट के कहीं जी बहुत न घबराये
कभी तो रख ले उठाकर चमन कलेजे में और
कभी तो निकहत-ए-गुल[112] से भी इश्क़ थर्राये
सितम की याद गर आये तो आये टूट के प्यार
करम का ध्यान जब आये तो आँख भर आये
वही तरीक़-ए-मुहब्बत का ख़िज़्र[113]-ए-राह है, जो
पहुँच के मंजिल-ए-मक़सूद पर बहक जाये
मैं आज सिर्फ़ मुहब्बत के ग़म करूँगा याद
यह और बात के तेरी भी याद आ जाये
फ़रेब-ए-अहद[114]-ए-मुहब्बत की सादगी की क़सम
वो झूट बोल के सच को भी प्यार आ जाये
तेरे सुलूक से या लोकलाज के कारन
फ़िराक़ ज़िक्र-ए-मुहब्बत पे कुछ तो शरमाये

सन् 1944 ई.

(9)

रंग-ए-फ़ुसूँगरी तो देख जादुए-सामरी तो देख

बज़्म में आज इन आँखों का आलम-ए-बेख़ुदी तो देख
रंग-ए-फ़ुसूँगरी[115] तो देख जादू-ए-सामरी तो देख
बाद-ए-बहार बेक़रार रूह-ए-बहार वज्द[116] में
गेसुओं की लपट तो देख महकी हुई हँसी तो देख
जैसे छलक-छलक पड़े जाम से बादा-ए-हयात[117]
उफ़ यह ज़मीं की करवटें शान-ए-ख़िराम[118] की तो देख
ले के दिल नजूम को डूबी है नब्ज़-ए-कायनात
आलम-ए-सुबह-ए-ज़िन्दगी रात अगर कटी तो देख
आँख चुरायें जिस तरह तारे अँधेरी रात में
ग़म की ज़्यादती तो देख आँसुओं की कमी तो देख
दिन थे निकलते बैठते दूर थी मंज़िल-ए-खिज़ाँ
कलियों की साँस उखड़ गई माँगे की ज़िन्दगी तो देख

---

112. फूल की सुगन्ध 113. पथ-प्रदर्शक 114. वादे का धोखा 115. जादूगरी 116. उमंग, जोश 117. ज़िंदगी की शराब 118. धीमी चाल की शान

मुर्दों से शर्त बाँध के सोई है रूह-ए-इन्किलाब
शोरिश-ए-गीर-ओ-दार[119] से नींद उचट गई तो देख

पल्टी इधर निगाह-ए-नाज़ दिल से उधर धुआँ उठा
दौलत-ए-दीद लुट गई फिर भी रही-सही तो देख

सोहबत-ए-शब की दास्ताँ इसमें सिमट के आ गई
पिछले पहर को बज़्म में शमाअ की थर-थरी तो देख

सैल-ए-सुकूँनुमा है या तर्ज़-ए-ख़िराम-ए-इन्किलाब
चढ़ती हुई नदी का आज आलम-ए-कम रवी भी देख

बनती है कैसे कायनात, बेख़ुदी निशात में
दर्द-ए-हयात की तरह उस की निगाह उठी तो देख

बहस-ए-ग़म-ओ-निशात में बीत गई शब-ए-हयात
जागने वाले सो गये हासिल-ए-ज़िन्दगी तो देख

होंटों पे खेलती हँसती नर्गिस-ए-नाज़-ए-शबनमी[120]
शिकवा-ए-जौर सब बजा उस की निगाह भी तो देख

जैसे निशात मुस्कुराये जैसे सबाह थरथराये
जैसे हयात रसमसाये हुस्न की ताज़गी तो देख

जैसे पयाम-ए-राज़ आयें शोअला साज़ थरथराये
जैसे सितारे मिल के गायें हुस्न की नग़मगी तो देख

जैसे सुकून थरथराये जैसे सुकूत कुछ सुनाए
जैसे सुगंध मुस्कुराए हुस्न की तुर्फ़गी तो देख

यूँ तो जमाल-ए-दिलफ़रेब[121] शाम नहीं सहर नहीं
जुल्फ़ की अबतरी तो देख रुख़ की शगुफ़्तगी तो देख

रूह-ए-नवाये सरमदी आज है गोश बर सदा[122]
बज़्म-ए-सुकूत-ए-शाम में रूह की नग़मगी तो देख

आँखों से रह के ओझल आज यह कौन मुस्कुरा दिया
ग़म की फ़िजाए तीरह[123] में बर्क़ की मौज-सी तो देख

साफ़ उफ़क़ महक उठा, खिल उठा, लहलहा उठा
जैसे खिला हुआ कँवल सुबह की ताज़गी तो देख

मस्त कहूँ के होशियार सर्व-ए-रवाने हुस्न[124] को
चाल की लग़ज़िशें तो देख आँखों की आगही तो देख

---

119. फंदे की व्याकुलता से 120. ओस भीगा फूल 121. साँझ का धोखा 122. सुनाई देने वाली ध्वनि 123. अँधेरे वातावरण 124. पूर्ण सुन्दरता

जलवा-ए-रंग रंग में बस तुझे देखता रहा
रंग-ए-मिज़ाज-ए-हुस्न-ए-यार इश्क़ की सादगी तो देख
नेकी-बदी की फ़ितरतें दहर[125] की सब हक़ीक़तें
नाम-ए-खुदा बदल गईं हुस्न की काफ़िरी तो देख
मुझ से निगाह-ए-आशना पुरसिश-ए-हाल कर सके
होने पे सामना कभी आँख भी मिल गई तो देख
क़िस्मत-ए-इश्क़ को सराह रोके हुए सरश्क-ए-ग़म
फिर यह कहाँ जमाल-ओ-दीद, बाद को रो, अभी तो देख
जैसे सुकूत-ओ-गुफ़्तगू मिल के सुनाये दास्ताँ
नर्गिस-ए-नीम वा में है बात यही, यही तो देख
यूँ तो कहाँ जमाल-ए-यार और कहाँ यह हाल-ए-ज़ार
कहने की बात है फ़िराक़ अपनी तरफ़ कभी तो देख

सन् 1942 ई.

(10)

नर्म, रसीली, रंगीं बातें

तुझ पे खुलें आँखों की घातें
ऐ दिल वहाँ हैं बातें ही बातें
डस न लें ऐसे में चाँदनी रातें
उफ़ ! ये बहारें, ये बरसातें
नरम, रसीली, रंगीं बातें
महकी-महकी चाँदनी रातें
कानों में गूँजती हैं वो बातें
आँखों में फिरती हैं वो रातें
चाँद* की किरनें तेरी निगाहें
अमृत की बरखा तेरी बातें
भीनी-भीनी निगाह की खुशबू
महकी-महकी उन आँखों की बातें
जागता रंग और सूनी मस्ती
दिन ही दिन हैं रात ही रातें

---

125. समय, संसार

* बड़ी प्राचीन आस्था है कि चन्द्रमा से अमृत-वर्षा होती है।—फ़िराक़

दिन तेरे फूलों की पँखुड़ियाँ
स्वर्ग के सपने तेरी रातें
झिलमिल-झिलमिल छाँव तेरे दिन
जगमग-जगमग तेरी रातें
तेरे निकलते-पैठते दिन हैं
आहटें लेती हुई तेरी रातें
एक-एक निगाह में सैकड़ों दिन
एक-एक साँस में सैकड़ों रातें
मदभरी छाती रसभरी आँखें
अल्हड़ चाल, अनीली घातें
पैदा शोख़ी पिन्हाँ शोख़ी
रंगीं बातें सादा घातें
मस्त हवा घनघोर घटाएँ
सावन मास भरी बरसातें
नींद में डूबी महँगी साँसें
आँखें झपकाती हुई बातें
सुबह-ए-बहाराँ शाम-ए-बहाराँ
रंगीं दिन गाती हुई रातें
दिल की रगों की उफ़ वो ऐंठन
टेढ़ी चालें उल्टी बातें
फूँक गईं कितने सीनों को
आग लगाती हुई बरसातें
याद फ़िराक़ आ ही जाती हैं
आह वो रातें ! आह वो बातें

सन् 1944 ई.

(11)
जो चूम-चूम न लूँ सब उदासियाँ तेरी

यह दुख यह रंज यह आज़ुर्दा* हालियाँ तेरी
जो चूम-चूम न लूँ सब उदासियाँ** तेरी

* मैं ईता को प्रशंसनीय नहीं समझता, किन्तु यदि बहुत कम अथवा बहुत सावधानी से उसका प्रयोग हो तो उसे बिल्कुल क़ाबिले इनकार भी नहीं मानता। ** एक बार किसी बात में मतभेद पर मैंने आवश्यकता से अधिक डाँट दिया। उसी डाँटने पर प्रेमी को उदास देखकर यह 'मतलब' हुआ था।—फ़िराक़

नज़र-नज़र से मुहब्बत के फूल खिलते हैं
शमीम-ए-गुलशन-ए-जाँ खुशनिगाहइयाँ तेरी

गुज़र गया तू जिधर से चिराग़ जल उट्ठे
फ़रोग-ए-राहगुज़र नरमगामियाँ तेरी

तमाम मौज-ए-तबस्सुम बदन की हर जुम्बिश[126]
पयाम-ए-फसल-ए-चमन खुशसिरामियाँ तेरी

फ़िज़ा की मेहवियतें[127] दीदनी[128] हैं रात गये
सुना रहे हैं सितारे कहानियाँ तेरी

दिखाई दे गई, जब दोनों वक़्त मिलते थे
निगाह-ए-होशरुबा[129] सहरकारियाँ तेरी

तेरे जमाल ने क्या पैरहन[130] को चमकाया
निसार जिस्म-ए-हँसीं जामाज़ेबियाँ तेरी

बस एक तू न मिला राह-ए-शौक़ में वर्ना
क़दम-क़दम पे मिली हैं निशानियाँ तेरी

उखड़ गई दम-ए-तक़लीद[131] बिजलियों की भी साँस
जवाब ही नहीं रखती हैं शोखियाँ[132] तेरी

भलाइयों की तो क्या बात रो पड़ा हूँ मैं
जो याद आ गईं मुझको बुराइयाँ तेरी

अब एक ज़माना है दुश्मन तेरे निसार ऐ इश्क़
के रंग ला के रहें बेदिमागियाँ तेरी

चमन-चमन दो जहाँ अश्क-ए-खूँ से हैं ऐ इश्क़
कहाँ-कहाँ न हुईं लालाकारियाँ[133] तेरी

अगरचे इश्क़ पे है ऐतमाद[134] दुनिया को
अज़ीज़तर हैं उसे बदगुमानियाँ तेरी

निगाहे नाज़ न पूछ अहले राज़ की रूदाद[135]
हर एक ख़मोश था बातें थीं दरमियाँ तेरी

निशात-ए-हुस्न में यह सोज़-ओ-साज़ का आलम
कहाँ के ग़म हैं लिये शादमानियाँ तेरी

---

126. हिलना 127. तल्लीनता 128. देखने योग्य 129. होश उड़ानेवाली 130. वस्त्र 131. अनुसरण करने की क्षमता 132. चंचलताएँ 133. क्रियाएँ, शरारतें 134. भरोसा, विश्वास, 135. कहानी

निगाह-ए-नाज़ पे मौज-ए-तरन्नुम-ए-सेहरी
नवेद-ए-सलक़त-ए-नौ[136] नग़माबारियाँ तेरी
चमन में देख ज़रा कजकलाहियों[137] की बहार
मिज़ाज-ए-गुंचा में हैं लाउबालियाँ तेरी
फ़िज़ाए मस्त है एक नर्गिस-ए-खुमार आलूद
के भूलती ही नहीं बादाख्वारियाँ[138] तेरी
जहाँ के नक्श मिटें जैसे छिपते सूरज से
मिटा गईं मुझे यूँ कमनिगाहियाँ तेरी
फ़िज़ा में जैसे लपक जायें सुर्ख़ शोअला-ए-साज़
निगाह-ए-शोख़ यह रंगीं नवाइयाँ तेरी
यह इल्तिफ़ात[139] तेरा रूठे रहने के बदले
न जानीं थीं न गयीं सरगिरानियाँ तेरी
निगाह-ए-नाज़ उतरना इसे नहीं कहते
दिलों में रह गयीं लहरा के बिजलियाँ तेरी
मेरी नज़र ने सर-ए-कोहसार देखी हैं
भरी घटाओं में उठती जवानियाँ तेरी
फ़िराक़ तूने जगाया है सोते फ़ित्नों को
रहेंगी याद ये जादू बयानियाँ तेरी

सन् 1943 ई.

(12)

अदा-अदा में सितारों के दिल की धड़कन है

नज़र-नज़र में निहाँ[140] दास्तान-ए-ऐमन[141] है
अदा-अदा में सितारों के दिल की धड़कन है
ख़िराम-ए-नाज़ में मौज-ए-नसीम की-सी लचक
निगाह-ए-नाज नवाये बहार-ए-गुलशन है
बदन का लोच है या नग़मा-ए-बहार की लय
क़बा[142] से आती है लौ-सी के निक्हत-ए-तन[143] है
वो जलवे जिस्म के हैं धूप फीकी पड़ती है
छुपा ले मुँह मह-ए-कामिल[144]-ओ -रंग-ओ-रोग़न है

---

136. नई सृष्टि को निमन्त्रण 137. टेढ़ी टोपी या ताज 138. शराबनोशी, मदिरापान 139. प्रेम 140. छिपा हुआ 141. धन की दास्तान 142. वस्त्र 143. शरीर की सुगन्ध 144. पूर्ण चंद्र

तुझी से रौनक़-ए-बज़्म-ए-हयात है ऐ दोस्त
तुझी से है अंजुमन-ए-महर-ओ-माह[145] रोशन है
तेरी नज़र से इबारत जहाँ के नक़्श-ओ-निगार
यह कॉयनात शुआअ-ए-निगाह-ए-पुरफ़न[146] है
समझते क्या हैं मगर सुनते हैं फ़साना-ए-हुस्न
निगाह-ए-नाज़ तेरी बात-बात में कन है
पुकारता है लहू काम आनेवालों का
हयात-ए-इश्क़ नहीं बोलता हुआ रन है
तेरे सिवा न कोई ज़िन्दगी न मौत कोई
के तू ही कुश्त-ए-हयात[147] और बर्क़-ए-ख़िर्मन[148] है
तमाम बज़्म-ए-तरब[149] नूर में नहाई हुई
के आज चाँदनी रातों का तुझ पे जोबन है
सितारे छिपते हुए शम्अ झिलमिलाई हुई
तेरा खुमार-ए-बदन आहुओं का मसकन[150] है
हवा सनकती हुई रात जगमगाई हुई
यह आहटें हैं तेरी ही तेरा ही दामन है
कोई सुनहरी किरन जैसे थरथराई हुई
रग-ए-हयात पे यह कौन नेश्तर ज़न[151] है
तेरी हया है के है सुबह रसमसाई हुई
हिजाब[152]-ए-नाज़ है या रंग-ओ-बू की चिलमन है
जो महकी छाँव में नग़मों की पंखुड़ी से बने
वही सुना है तेरे हुस्न का नशेमन[153] है

यह बज़्म-ए-दोस्त में आतिश नवाइयाँ तेरी
फ़िराक़ तुझ से मुहब्बत का नाम रोशन है

---

145. चाँद-सूरज 146. दृष्टि की किरण का 147. जीवन की खेती 148. खलिहान पर गिरने वाली बिजली 149. उल्लसित सभा 150. हिरणों का झुंड 151. चुभनेवाली, तीखी स्त्री 152. पर्दा 153. घर

(13)
खिला हुआ है तेरी मुस्कुराहटों का चमन

सबाहत[154]-ए-रुख़-ए-रंगीं बहार-ए-सुबह-ए-वतन
खिला हुआ है तेरी मुस्कुराहटों का चमन
सुकूत-ए-नाज़ में सरबस्ता राज़हाय[155] चमन
बहार देती है लौ या महक रहा है बदन
निगाह-ए-मस्त की रौ बादा-ए-कलीम-ए-फ़िगन[156]
लक़ाये नाज़[157] की जू[158] रक़्स-ए-शोअला-ए-ऐमन[159]
लहक है शोअले की या मौज मारता है बदन
लचक-सी नूर में है या तेरा ख़म-ए-गर्दन
तेरे ख़याल से है शमाअ आरज़ू रोशन
तेरी निगाह से गुलज़ार ज़िन्दगी का चमन
बहार का है तबस्सुम के लालाज़ार-ए-बदन
फ़िज़ा में करवटें-सी मौज-ए-बूए-पैराहन
सरकती जाती हैं माथे से गेसुओं की लटें
तलुअ-ए-माह-ए-मुबीं[160] हैं के छट रहा है गहन
एक अधखिला-सा कँवल सुरमगीं[161] निगाह-ए-सहर
के जैसे ख़न्दा बल्ब हो वो नर्गिस-ए-पुरफ़न[162]
निगाह-ए-शोख़ है या थरथराता साज़-ए-बहार
बदन की लोच है या साँस ले रहा है चमन
यह रंग-ओ-नूर की मौजें यह भीनी-भीनी लपट
लहक रहा है चमन या महक रहा है बदन
फ़िज़ाए खुल्द[163] की जैसे गुलाबियाँ छलकाए
तुलू-ए-सुबह है या जगमगा रहा है बदन
यह सर से ताबा क़दम मेहवियत[164] का आलम है
के गहरे सोच में जिस तरह डूब जाये बदन
खुनक-खुनक-सी बहार-ए-जमाल आग-आग
के ज़ेर-ए-चादर-ए-शबनम चमन है शो'ला फ़िगन[165]

---

154. गोरा रंग, सुन्दरता 155. रहस्यमय 156. वायु-प्रवाह से बात करने में मग्न 157. प्रेयसी के दर्शन, अवलोकन 158. ज्योति, प्रकाश 159. मंगलकारी आग 160. स्पष्ट उदित होता चन्द्रमा 161. सुरमा लगी 162. फूल-जैसी नज़र 163. स्वर्गीय वातावरण 164. तल्लीनता 165. आग उगलती हुई

तमाम शबनम-ओ-गुल रसमसे बदन का निखार
के जैसे सुबह-ए-बहाराँ में ताज़गी-ए-चमन
ज़फ़र्क़ ताबा क़दम[166] हुस्न बोलता हुआ साज़
यह ज़ेर-ओ-बम है लहू का, के गा रहा है बदन
चमन भी बर्क़-ए-चमन भी महकते होंठों की लौ
शब और नूर-ए-सहर भी वो नर्गिस-ए-पुरफ़न
तेरे जमाल की हर मौज-ए-नूर दीपक राग
चिराग़-ए-अंजुमन-ए-नाज़ हो गये रोशन
निगाह-ए-मस्त के पड़ते ही छलके साग़र में
सुनाई देती है क़ल्ब-ए-नजूम[167] की धड़कन
यह महकी चाँदनी यह नरम लौ सितारों की
तेरे शबाब का आईना रात का जोबन
सुकूत तोड़ के क़ुम की सदा[168] है तेरी सदा
नज़र उठा के इन आँखों का रस है संजीवन[169]
नसीम तेरी है गुलज़ार में सबा तेरी
यह तर्ज़-ए-मस्त ख़िरामी यह जुम्बिश-ए-दामन
निगाहें उठती हैं तुझ पर ज़हे[170] यह सुबह बहार
किरन की तीलियों से छन रहा है हुस्न-ए-चमन

तेरा शबाब है किस पिछली आग से भरपूर
खुम-ए-हयात से है फूटती किरन पे किरन

सन् 1943 ई.

(14)
नींद में डूबी हुई चन्द्र-किरन क्या कहना

रस में डूबा हुआ लहराता बदन क्या कहना
करवटें लेती हुई सुबह-ए-चमन क्या कहना
मद-भरी आँखों की अलसाई नज़र पिछली रात
नींद में डूबी हुई चन्द्र-किरन क्या कहना
बाग़-ए-जन्नत ये घटा जैसे बरस कर घुल जाये
सोंधी-सोंधी तेरी खुशबू-ए-बदन क्या कहना

166. सिर से पैर तक 167. तारों के दिलों की 168. अमृत 169. जी उठने की आवाज़ 170. धन्य, वाह-वाह।

ठहरी-ठहरी सी निगाहों में यह वहशत[171] की किरन
चौंके-चौंके से यह आहुए ख़तन[172] क्या कहना
रूप संगीत ने धारा है बदन का यह रचाव
तुझ पे लहलूट[173] है बेसाख़्तापन क्या कहना
जैसे लहराये कोई शोअला कमर की यह लचक
सर बसर आतिश-ए-सय्याल[174] बदन क्या कहना
नरम दोशीज़ा अदाएँ हैं के जन्नत की हवाएँ
तारों के गीत की लय मस्त चलन क्या कहना
क़ामत-ए-नाज़[175] लचकती हुई एक क़ौस क़ज़ह[176]
ज़ुल्फ़-ए-शब रंग का छाया हुआ गहन क्या कहना
जिस तरह जलवा-ए-फ़िरदौस हवाओं से छने
पैरहन में तेरे रंगीनी-ए-तन क्या कहना
जलवा-ओ-पर्दा का यह रंग दम-ए-नज़्ज़ारा
जिस तरह अधखुले घूँघट में दुल्हन क्या कहना
जगमगाहट यह जबीं की है के पौ फटती है
मुस्कुराहट है तेरी सुबहे चमन क्या कहना
सर बसर कैफ़-ओ-कम-व रम्ज़-ओ-कनायात[177] वो आँख
याअनी हर घात में, हर बात में कन क्या कहना
रंग-ओ-निकहत[178] का यह तूफ़ाँ यह तलातुम[179] यह उठान
अचपलाहट की है तसवीर-ए-बदन क्या कहना
दम-ए-तक़रीर खिल उठते हैं गुलिस्ताँ क्या-क्या
यूँ तो एक गुंचा-ए-नौरस[180] है दहन क्या कहना
दिल के आईने में इस तरह उतरती है निगाह
जैसे पानी में लचक जाये किरन क्या कहना
लहलहाता हुआ यह क़द यह लहकता जोबन
ज़ुल्फ़-ए-सू महकी हुई रातों का बन क्या कहना
रंग और नूर की मौजें हैं तेरा पैकर-ए-नाज़
शफ़क़ आलूद है एक नहर-ए-लबन[181] क्या कहना

---

171. भय, डर 172. कस्तूरी मृग 173. बेताब 174. बहनेवाली आग 175. प्रेयसी का शरीर 176. इन्द्रधनुष 177. रहस्य के, भेद, इंगित 178. रंग व सुगन्ध 179. भँवर 180. नए फूलों का गुच्छा, ताज़ा फूलों का गुच्छा 181. दूध की नहर

हुस्न-ए-मासूम हिजाबों[182] में भी लौ दे निकला
दामन-ए-हूर में एक शमअ लगन क्या कहना
चश्म-ए-मख़मूर, सुराही ब बग़ल, जाम-ए-बकफ़[183]
नग़मा-ए-हाफ़िज़-ए-शीराज़ बदन क्या कहना
यह निगाहों की खनक, तेग़-ए-अदा की झंकार
हुस्न सर ताबा क़दम बोलता रन क्या कहना
क़द-ओ-गेसू पे नज़र पड़ते ही बेखुद हुआ इश्क़
ख़्वाब-ए-मन्सूर[184] सर-ए-दार-ओ-रसन[185] क्या कहना
क़द-ए-रा'ना[186] की यह चमकार यह आया हुआ प्यार
इश्क़ का हुस्न ने बदला है बरन क्या कहना
तू मुहब्बत का सितारा तू जवानी का सुहाग
हुस्न लौ देता हुआ ला'ल-ए-यमन[187] क्या कहना
तेरी आवाज़ सवेरा तेरी बातें तड़का
आँखें खुली जाती हैं एजाज़-ए-सुख़न[188] क्या कहना
जुल्फ़-ए-शबगूँ की चमक पैकर-ए-सीमीं की दमक
दीप माला है सर-ए-गंग-ओ-जमन क्या कहना
नीलगूँ शबनमी कपड़ों में दिन की यह जोत
जैसे छनती हो सितारों की किरन क्या कहना
मेरे हाथों चढ़े परवान तू ए प्रेम की बेल
पूरे जोबन पे है जैसे मेरा फ़न क्या कहना

सन् 1944 ई.

(15)

आधी रात को

मेरे ख़्याल से अब एक बज रहा होगा

(1)

सियाह पेड़ हैं अब आप अपनी परछाईं
जिधर निगाह करें एक अथाह गुमशुदगी

---

182. पर्दों में 183. शराब का गिलास 184. सफ़ल सपना 185. रस्सी व फंदा 186. भव्य देह 187. मंगलकारी सुन्दरता 188. बोलने की अदा

ज़मीं से अर्शबरीं[189] तक सुकूत के मीनार
झलक रहा है पड़ा चाँदनी के बर्तन में
रसीले, कैफ़ भरे मंज़रों का जागता ख़्वाब
एक एक करके फ़सुर्दा चिराग़ों की पलकें
झपक गईं, जो खुली हैं झपकनेवाली हैं
फ़लक[190] पे तारों की पहली जमहाइयाँ आईं

तमोलियों[191] की दुकानें कहीं-कहीं हैं खुली
कुछ ऊँघती हुई बढ़ती हैं शाह राहों पर
सवारियों के बड़े घुँघरुओं की झंकारें
खड़ा है उसमें चुपचाप हरसिंघार का पेड़
दुल्हन हो जैसे हया की सुगन्ध से बोझल
यह मौज-ए-नूर यह भरपूर यह खुली हुई रात
के जैसे खिलता जाये एक सफ़ेद कँवल
हवाएँ नींद के खेतों से जैसे आती हों
सिपाह-ए-रूस है अब कितनी दूर बर्लिन से ?
छलक रही है खम-ए-ग़ैब[192] से शराब-ए-वजूद[193]

फ़िजाए दहर[194] है एक नर्गिस-ए-खुमार आलूद
जगा रहा है कोई आधी रात का जादू
कँवल की चुटकियों में ले लिया नदी का सुहाग

ये छब ये रूप ये सुकुमार ये सुकोमल गात
फ़लक पे निकले हुए चाँद और सितारों की
चमकती उँगलियों से छिड़के साज-ए-फ़ितरत के
तराने जागनेवाले हैं, तुम भी जाग उठो

(2)

यह रसमसाता बदन, कामरूप का जादू
उन आँखों की यह चमक यह घनी-घनी परछाईं
शुआअ-ए-मेहर[195] ने यूँ उन को चूम-चूम लिया

---

189. आकाश तक 190. आकाश 191. वैभवशाली की 192. आकाशीय घुमाव से 193. शराब का अस्तित्व 194. समय की धारा 195. चन्द्रकिरण

नदी के बीच कुमुदनी* के फूल खिल उट्ठे
न मुफ़लिसी[196] हो तो कितनी हसीन है दुनिया
यह झायें-झायें-सी रह-रह के एक झींगुर की
हिना की टट्टियों में नर्म सरसराहट-सी
यह महब-ए-ख़्वाब हैं रंगीन मछलियाँ तहेआब[197]
के हौज़-ए-सहन में अब उनकी चश्मकें[198] भी नहीं
ये सर निगूँ हैं सरे शाख़ फूल गुड़हल के
के जैसे बे बुझे अंगारे ठण्डे पड़ जायें
यह कॉयनात अब इक नींद ले चुकी होगी
यह चाँदनी है के उमड़ा हुआ है सुख-सागर
एक आदमी है के इतना दुखी है दुनिया में
क़रीब चाँद के मँडला रही है एक चिड़िया
भँवर में नूर के, करवट से जैसे नाव चले
कहाँ से आती है मदमालती लता की लपट
के जैसे सैकड़ों परियाँ गुलाबियाँ छलकाईं
के जैसे सैकड़ों वनदेवियों ने झूलों पर
अदाये ख़ास से एक साथ बाल खोल दिये
बदल सके तो फिर इस ज़िन्दगी का क्या कहना

यह साँस लेती हुई कॉयनात, यह शब-ए-माह[199]
यह पुर सुकूँ उदासी, यह भीगी-भीगी फ़िज़ा
सितारे हैं के जहाँ पर है आँसुओं का कफ़न
ज़माना कितना लड़ाई को रह गया होगा
मेरे ख़याल से अब एक बज रहा होगा
कुछ और जाग उठा आधी रात का जादू !!

(3)

गुलों ने चादर-ए-शबनम में मुँह लपेट लिया
लबों पे सो गई कलियों की मुस्कुराहट भी

* कुमुदनी, एक सफ़ेद फूल है जो रात को चाँद की किरणों के प्रभाव से नदी में खिलता है। चंद्रमा को कुमुदनीपति अर्थात कुमुदनी का पति कहा जाता है।
196. दरिद्रता 197. पानी के नीचे 198. मनमुटाव, आँखों के इशारे 199. चाँदनी रात

ज़रा भी सुम्बुल-ए-तर[200] की लटें नहीं हिलतीं
सुकूत-ए-नीमशबी[201] की हदें[202] नहीं मिलतीं
कहाँ है सोई हुई इन्क़िलाब की देवी
गुज़र रहा है इधर से कोई ख़याल की तरहा
सुनाई देने लगी ख़ामुशी के पाँव की चाप
बदलने ही को है अब ज़िन्दगी नई करवट
अब और जाग उठा आधी रात का जादू ! ! !

फ़िज़ाए साफ़ में रक़्साँ हैं चाँद की किरनें
के जैसे शीशे पे पड़ती हो नरम-नरम फुहार
ये मौज-ए-ग़फ़लत मा'सूम, यह ख़मार-ए-बदन
ये ऊँघती हुई साँसें यह आँखें नींद भरी
मेरे कलेजे से आओ लिपट के सो जाओ
अब आँखें बन्द करो और मुझ में खो जाओ

सन् 1944 ई.

(16)

झलकियाँ

यह रूप सर से क़दम तक हसीन जैसे गुनाह

(1)

यह शाम एक आईना-ए-नीलगूँ, यह नम, यह महक
यह मंज़रों की झलक, खेत, बाग़, दरिया, गाँव
पुराने वक़्त के बरगद की यह फ़र्दा[203] जटाएँ
क़रीब-ओ-दूर यह गो धूल* की उभरती घटाएँ
यह दौर-ए-जीस्त[204] का ठहराव यह अथाह सुकूत[205]
यह नीम तीरा[206] फ़िज़ा रोज़-ए-गरम का ताबूत
धुआँ-धुआँ-सी ज़मीं हैं घुला-घुला-सा फ़लक

---

* गर्द, धूल। चरागाहों से पलटते हुए पशुओं की चाल से उड़ती हुई धूल

200. भीगी ज़ुल्फ़ 201. अर्धरात्रि की शान्ति 202. सीमाएँ 203. आने वाला कल 204. ज़ीवन-काल 205. अनन्त शान्ति 206. कुछ अंधकार

(2)

यह चाँदनी, यह हवाएँ, यह शाख़-ए-गुल की लचक
यह दौर-ए-बादा, यह ख़ामोश साज़ फ़ितरत के
सुनाई देने लगी जगमगाते सीनों में
दिलों के नाजुक-ओ-शफ़्फ़ाफ़ आबगीनों[207]
तेरे ख़याल की पड़ती हुई किरन की खनक

(3)

यह रात ! यह घनी जुल्फ़ों की भीनी-भीनी महक
फ़िज़ा में रूह-ए-तरब[208] जैसे करवटें बदले
यह रूप सर से क़दम तक हसीन जैसे गुनाह
यह आरिज़ों[209] की दमक यह फ़ुसून-ए-चश्म-ए-स्याह[210]
यह सीना, पड़ ही गयी देवलोक* की भी निगाह
यह धज न दे ज़ो अजन्ता की सन'तों को पनाह
यह सर ज़मीन है आकाश की परस्तिशगाह[211]
उतारते हैं तेरी आरती कुवाकब-ओ-माह[212]
सजल बदन[213] की बयाँ किस तरह हो कैफ़ियत
सरस्वती** के बजाये हुए सितार की गत
जमाल-ए-यार तेरी गुलिस्ताँ की रह-रह के
जबीन-ए-नूर तेरी कहकशाँ[214] की रह-रह के
दिलों में आईना-दर-आईना सुहानी झलक

(4)

यह रंग-रूप, 'यह यौवन'- यह दम, यह सज यह लहक
यह रसमसाते बदन का उठान और यह उभार
सबा[215] के आईने में जैसे लहलहाये बहार
यह बेक़रार यह बेइख़्तियार जोश-ए-नुमूद[216]

---

* देवलोक—अर्थात देवताओं का संसार। संस्कृत शब्द लोक, अर्थात संसार दिखाई देने, नज़र आने का अर्थ भी देता है। ग्रामीण शब्द 'लूकना' अंग्रेजी शब्द look तथा संस्कृत शब्द 'लोक'। सब मिले-जुले (समुक) शब्द हैं। देवलोक तथा दृष्टि में रंगीन एवं रुचिकर रियायत लफ्जी है—सीना से मतलब यह है कि देवताओं की आँख पड़ने लगी।

** डुल्लक, सार्थक चमक, जगमगाहट। प्राचीन उर्दू शायरी में यह शब्द प्रचलित है।

207. स्वच्छ, पारदर्शी सागर 208. हर्षित आत्मा 209. गाल 210. काली आँखों का जादू 211. स्थान 212. चाँद-तारे 213. अच्छा, सुन्दर, साफ़ 214. आकाशगंगा 215. वायु 216. जोश, उमंग

के जैसे नूर का तूफ़ान हो शफ़क़ आलूद[217]
यह जलवों की हैं फ़रावानियाँ[218] के बज़्म-ए-शुहूद[219]
यह मस्तियों के मय साफ़-ओ दर्द सब बेबूद[220]
ख़जिल[221] हो लाल-ए-यमन[222] उ़ज्व-उ़ज्व[223] की वह झूलते

(5)

बस एक सितारा-ए-शंगर्फ़[224] की जबीं पे झुमक
सुकूँ नुमा ख़म अबरू[225] घनी-घनी पलकें
वोह चाल जिस से लबालब[226] गुलाबियाँ छलकें
निगाह-ए-नाज़ में ऐमन की बिजलियाँ झलकें
यह आँख जिसमें कई आसमाँ दिखाई पड़ें
उड़ा दे होश वोह कानों की सादा सादा लवें
घटाए वज्द में आयें या गेसुओं की लटक

(6)

यह कैफ़-ओ-रंग नज़ारा यह बिजलियों की लपक
के जैसे कृष्ण से राधा की आँख इशारे करे
वोह शोख़ इशारे के सद आफ़ताब[227] जायें झपक
जमाल सर स़े क़दम तक तमाम शो'ला है
सुकून-ओ-जुम्बिश-ओ-रम तक तमाम शो'ला है
मगर वोह शोअला के पड़ जाये आँखों में ठण्डक

(7)

यह रात ! लेने लगे अब जभाइयाँ दीपक
फ़िज़ा में बुझ गये उड़-उड़ के जुगनुओं के शरार[228]
यह भीगी-भीगी उदाहट[229] यह भीगा-भीगा नूर
के जैसे चश्म-ए-ज़ुल्मात में जले काफ़ूर
यह ढलती रात ! सितारों के क़ल्ब का यह गुदाज़
खुनक फ़िज़ा में तेरा शबनमी तबस्सुम-ए-नाज़
झलक जमाल की, तावीर-ए-ख़्वाब-ए-आईना साज़
जहाँ से जिस्म को देखें तमाम राज़-ओ-नियाज़

---

217. लालिमा लिये हुए 218. अधिकता, अधिकांश 219. उपस्थित सभा 220. निरर्थक, बेकार 221. लज्जित 222. सुन्दर वर्ण 223. अंग-अंग 224. लाल तारा 225. धनुषाकार भौहें 226. भरा हुआ 227. सैकड़ों सूर्य 228. चिनगारी 229. बैंगनी रंग

जहाँ निगाह ठहर जाये राज़ अन्दर राज़
है बज़्म-ए-माह के परछाँइयों की बस्ती है
जहान-ए-ग़ैब से वो ख़ामुशी बरसती हैं
के बूँद-बूँद से पैदा हो गोश-ओ-दिल में खनक

(8)

किसी ख़याल में है ग़र्क़ चाँदनी की चमक
हयात-ओ-मौत में सरगोशियाँ[230]-सी होती हैं
करोड़ों साल के जागे सितारे नम दीदा[231]
सियाह गेसुओं के साँप नीम ख़्वाबीदा
यह पिछली रात ! यह रग-रग में नर्म-नर्म कसक

230. कानाफूसी 231 भीगी हुई आँखों वाले